西蜀园林传统装饰符号

孙大江　黄远祥　主编

四川科学技术出版社

图书在版编目（CIP）数据

西蜀园林传统装饰符号 / 孙大江，黄远祥主编 .—
成都：四川科学技术出版社，2023.5
ISBN 978-7-5727-0951-7

Ⅰ . ①西… Ⅱ . ①孙… ②黄… Ⅲ . ①古典园林—研
究—四川 Ⅳ . ① K928.73

中国国家版本馆 CIP 数据核字 (2023) 第 069051 号

西蜀园林传统装饰符号

XISHU YUANLIN CHUANTONG ZHUANGSHI FUHAO

孙大江　黄远祥　主编

出 品 人　程佳月
组稿编辑　梅　红
责任编辑　夏菲菲
责任出版　欧晓春
出版发行　四川科学技术出版社
成都市锦江区三色路 238 号　邮政编码 610023
官方微博 http://weibo.com/sckjcbs
官方微信公众号 sckjcbs
传真 028-86361756
成品尺寸　185 mm × 260 mm
印　　张　16.75　　彩插　48
字　　数　395 千
印　　刷　四川华龙印务有限公司
版　　次　2023 年 5 月第 1 版
印　　次　2023 年 5 月第 1 次印刷
定　　价　86.00 元

ISBN 978-7-5727-0951-7

邮　　购：成都市锦江区三色路 238 号新华之星 A 座 25 层　邮政编码：610023
电　　话：028-86361770

本书编委会

主　　编　孙大江　黄远祥

副 主 编　姜杰议　祝鸣川　周　鹏

编　　委　高　平　何　筱　赵　欢　赖　欣
江　波　车远智

绘　　图　张　英　何　筱　赵　欢　赖　欣
胡宝月　伍　勇　侯　捷　刘　斯
马鑫岑　席丹丹　周文龙　谢　静
孙大江

图片拍摄　孙大江　姜杰议　伍　勇　赖　欣
赵　欢　何　筱

封面设计　姜杰议

封面题字　王增辉

序言一

记得十多年前，当时整个四川农业大学都还在雅安。我和大江老师曾就园林美学和风景园林专业教学以及研究作过讨论。近几年以来又在西蜀园林、川西林盘等方面的研究中常有深入交流，尤其希冀他能在西蜀园林的保护和传承方面有所作为。今天由其及团队所著的《西蜀园林传统装饰符号集示》问世，可喜可贺。

园林是人工结合自然营建美的环境和游憩场所的综合性学科，也是综合性艺术。该书以园林美学视角对构成园林的物质和文化要素装饰构件进行研究，以图示方式展示西蜀名人园林、寺庙园林建筑的拱券、翼角、窗花以及照壁、墙体之上图纹；自然要素中的山形、水纹、植物形态以及精神文化要素中的雕塑、书法等，这些符号清晰地展示了建筑的空间美、环境的自然美和人文的精神美，这些历史符号遗留数百年，是中国优秀传统文化的代表，彰显了蜀地人们的吉祥观念，完全体现了主人的精神寄托。“得体合宜”“精在体宜”精雕细作，历历在目，精彩纷呈，这些繁华精细的构件，这些吉祥语言符号形式，也常成为游人视线的焦点。作为装饰构件的图案美能体现园林的风格和特点，能充分体现设计营造者的专业水平和技艺能力，暗含使用者的内心世界和精神向往。因此，对这些传统装饰符号的艺术构件应认真进行研究，加强保护。“古为今用”，在保护中传承，在传承中创新。

本书是以西蜀园林等空间为例，是对地方园林的多维度研究。地方性是园林的突出特点，园林规划设计和建设必须遵循地方性原则。不同的自然地理条件生长出不同的植物，不同的地方有不同的历史、文化和人民生活习俗，在不同的地域又必然生成不同的地方园林。地方园林生成于民间、民情之中。本书所研究的构件装饰是中华优秀的建筑文化、装饰文化、园林文化的的重要组成部分，虽然在不同地方有不同图形，表现出不同的地方特色，但也是一脉相承的。西蜀园林根植在钟灵毓秀、地灵人杰的天府之国，其风格特色可用“幽”“雅”两字表述，得体合宜，求雅去俗，文雅、朴素、幽静、自然。在广阔的中华大地，多种自然地理环境、悠久的历史，多样的文化和生活习俗，存在着多个地方园林，凸现不同的地方特色，西蜀园林和其他园林同等重要，都是中国传统园林体系的重要成员，是中国园林的宝贵资源，彰显中国园林的源远流长、博大精深。地方园林应得到大力保护、提倡和发展，应该广泛展开类似的研究，这也是新时代新发展理念和建设大美中国之必要。

孙大江教授毕业于美术专业，后到四川农业大学风景园林学院工作，同时攻读植物学硕士、风景园林学博士，教授风景园林专业课程和进行西蜀园林研究。他勤学、精业、严己、进取，尤为可贵的是，他带领西蜀园林研究团队，数年如一日，埋头苦干，笔耕不辍。可见孙大江教授及其团队具有高度的责任心、系统的专业知识和贡献学科的理想。本书内容丰富多彩，图文并茂，硕果累累，成果斐然。本书的面世将会对就读风景园林专业的同学和从事风景园林设计、营造的人士提高艺术修养和技艺能力等方面有很大帮助。书成之时，邀我为其作序，我的美学知识浅薄，虽有些为难，又不好推辞而应之，若有不妥之处，请予谅之。

享受国务院政府特殊津贴、教授级高级工程师

中国风景园林学会原副理事长

成都市园林局原局长

2022年12月于成都

序言二

1998年，毕业于西南师范大学（今西南大学）美术学院的孙大江来校任教，从事园林美学教学和风景园林设计工作，我开始逐步引领他迈入风景园林行业，指引他对四川的古典园林进行有序研究，并取得一定研究成果。二十余年中，从雅安到成都，从西蜀园林到川西林盘，从《中国近代园林史·四川卷》到《西蜀园林》，相互配合、切磋、商讨，以感性的认识梳理前人的优秀成果，以理性的思维发扬巴蜀的园林艺术。二十余年来，我们都在竭尽全力将西蜀园林相关的文化进行全面研究、系统整理，探索新时代保护和传承之路。

西蜀园林文秀清幽的诗意风格，深厚含蓄的名人园林文化内涵，花草山石、亭台楼阁、楹联诗词之于西蜀园林皆有深意，西蜀古人利用以物传意、以形传意、以文传意之法，精雕细琢、鬼斧神工之匠心匠艺篆刻了西蜀园林极致的人工美、诗意美并留存至今。十余年前，我与孙大江编著《西蜀园林》调研这些园林古建、古镇民居之时，就见到过不少附于建筑物和构筑物表面的装饰图案，寓意吉祥、图文精美、构图巧妙、繁制丰富的符号引起了我们浓厚的兴趣，也曾叹息这些装饰符号数量之庞大、背后所藏意蕴之深刻，若系统研究、逐一整理，定非一念之想、一人之力、一朝之时可以完成。

时至今日，翻阅《西蜀园林传统装饰符号集示》，仍感叹西蜀园林装饰符号的图纹之秀美，意蕴之悠长。唯有不同在于昔日叹息，今日如愿，终已成著。品读此书仿若穿越时空，对话古人，系统地了解那些“言不尽意，立象以尽之”的形与意。此书集中呈现出西蜀园林装饰符号的秀美形态，解析其背后所蕴含的吉祥观念、艺术审美、工艺技法和宗教思想，不仅有助于深入研究园林艺术的起源与流变，而且对研究西蜀远古的精神风貌、风土人情、文化的起源与发展都有积极意义。

孙大江教授及其团队耗五年之光阴，遍访数十座名园、古镇民居，钻研百家之文献，描绘千幅之图纹，书写数十万言以汇成此书，其中的执着与热情令人敬佩。更为重要的是，《西蜀园林传统装饰符号》的付梓，丰富了相关领域的研究，开辟了以微观视角整理研究西蜀园林的新路径，为进一步解读、传承、保护和发扬西蜀园林非物质文化遗产提供了参考，为成都公园城市文化景观建设提供了图鉴和指导。

四川农业大学风景园林学院原院长
国家万人计划领军人才
四川省工程设计大师
2022年12月30日

陈家桅杆

三苏祠

罨画池

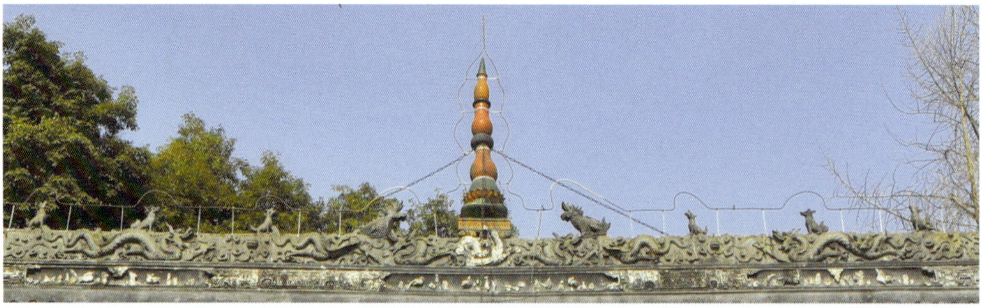

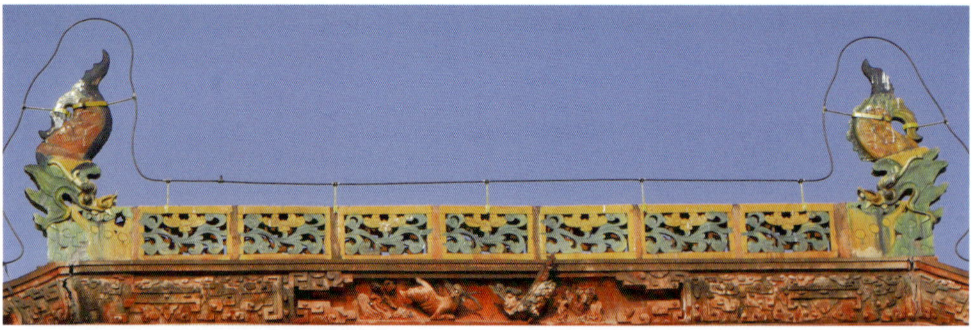

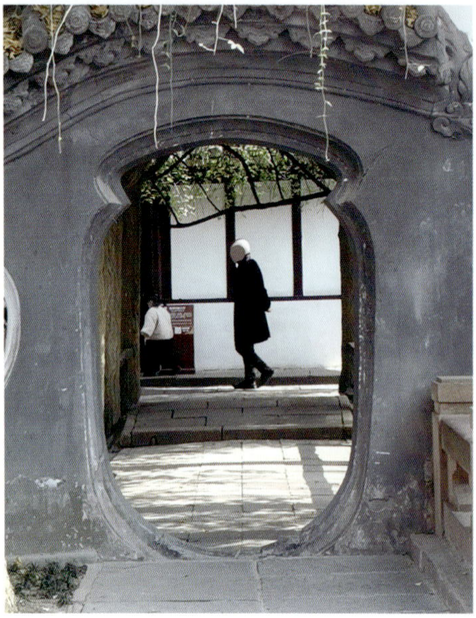

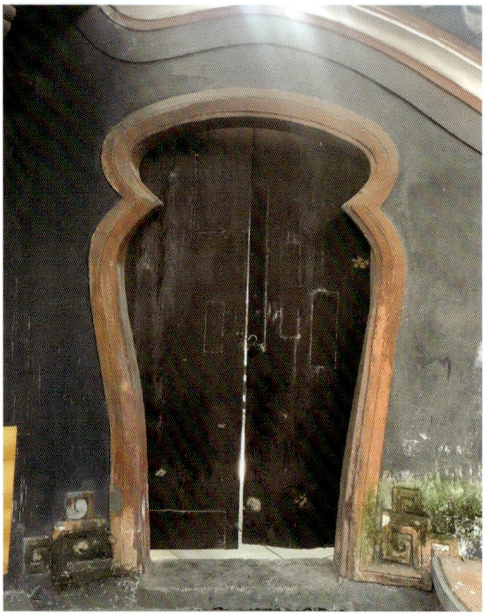

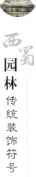

幾樹海棠開聖域
三條蹊徑入亭林

德阳文庙

道冠古今

段家大院

家和万事兴
农历庚子年
七月 初六
处暑
福

新繁东湖

古柏亭
花為四壁船
古柏亭
The Pavilion of Ancient Cypress

桂 湖

武侯祠

養怡苑

大慈寺

THE ATRIUM
晶融汇

文殊院

前言

两千多年以来，以成都平原为中心的四川盆地中西部地域在历史文化单元和方位地域识别中被称为“西蜀”，其称谓和指代出现得比“四川”二字还早。“西蜀”作为书面语可追溯至秦王政十年（公元前237年）李斯所著的《谏逐客书》中的“江南金锡不为用，西蜀丹青不为采”，此时出现“蜀”之别称。“蜀”之别称亦体现了江南和西蜀地域之别。“蜀为商之西土”“蜀为周初西南强国”。时因蜀地位于中原之西，故称“西蜀”，亦可见“蜀”与“西蜀”二字指代一致。“西蜀”二字在两千多年历史发展过程中，积累了深邃独特的文化内涵和约定俗成的识别语，既指在中国地理范畴意义上的泛行政区域，也指特定文化层面上的意象指向，如西晋陈寿《三国志》中的“西蜀倾覆，边境见侵”，西晋左思的《三都赋》中“西蜀之于东吴，小大之相绝也”，唐刘禹锡的《陋室铭》中的“南阳诸葛庐，西蜀子云亭”，明程登吉《幼学琼林·卷一·地舆》中“四川为西蜀，云南为古滇”等描述。1934年，郭沫若提出“西蜀文化”一词，概括西蜀史前文化，以指西蜀地区从距今七千年前新石器时代晚期文明延续至今并自成一系的西蜀文化区系。历史地理方位一旦约定俗成，文化走向便趋向一致，大量文人贤士在成都平原承担了文明宣扬和文化注脚，并使之能顺承延续至今。

西蜀地域，秦汉以来，中原文明渐入，文人荟萃，文风鼎盛，文化多元化现象由此发端。成都平原宽阔大度，农商繁盛，受到“文人入蜀”以及多次移民影响，成都快速构建了平原人居城乡聚落格局，成为中国最理想的人居环境之一。西蜀之地古镇、民居、园林星罗棋布。园林的演化在明清时期格局落定，成为受西蜀人文宗哲、自然地理、政治经济、社会民俗浸润影响的地域园林体系，但是由于时代进展因素，加之历史地理、文化艺术、建筑美学、川渝文化派系等相互影响，长期以来，该地域的传统古典园林多称谓并存，如“川西园林”“巴蜀园林”“四川园林”“川派园林”“蜀派园林”。2011年开始，在四川农业大学风景园林学院西蜀园林学科组的努力下，会同各个古典名园和相关文化人士，经杨玉培、陈其兵、孙大江、刘洪、江波、黄毅、王绍增、郭丽、蔡军等学者的呼吁、发扬和集成，2016—2022年，“西蜀园林”称谓进入全国科学技术名词和中国大百科条目，正式成为规范性的专业术语。2018年孙大江、陈其兵等在《中国园林》发表《追忆王绍增先生·再探西蜀园林》一文，标志着“西蜀园林”正式进入中国古典园林学术序列。现今不少学术研究也默认沿用这一称谓以进行其他方向性研究，“西蜀园林”学术体系和系列研究更趋独立和完整。

秦汉以来，西蜀地区造园活动频繁，历经千年，园林广布，自成一格，建构了独立而完整的地域园林体系。同时，成都平原宽阔大度，农商繁盛，快速构建了平原人居城乡聚落格局，古镇、民居、园林星罗棋布，成为中国最理想的人居环境之地。西蜀地区拥有大规模的园林遗存、丰富的园林类型以及深厚的人文内涵，以及别具一格的园林艺术特征，存在极高的园林艺术价值、史学价值、文学价值和美学价值。历史进阶中，受西蜀地区自然地理、历史文化、政治经济和“文人入蜀”和移民等历史共同浸润影响，文化推崇延续以及“天人合一”思想贯通，西蜀园林萌芽于先秦古蜀，兴盛于唐宋五代，复兴于明清，传承至今而自成规模和典型特征。西蜀文化终归体系，多元文化与时代功能拓展，西蜀园林最终也形成了祠宇园林、衙署园林、寺观园林、陵园园林（皇家园林）、书院园林、文庙园林、会馆园林等类别，形成了“纪念性、游览性、传承性、诗意性”等特征，具有“朴素自然、宁静致远、飘逸清幽；文风氤氲、雅俗共赏、史诗浪漫；诗意传承、布局礼序、博览大观”等园林艺术风格。西蜀园林既与中国古典园林一脉相承，是中国古典地域园林之典范，同时又有别于北方园林、江南园林、岭南园林等流派，具有独特的地域特征。西蜀园林文化承担了相应的历史文化功能，支撑和明晰了成都平原甚至四川的城市文化地标，将文化触角蔓延渗透至长江、川南、川东地域，使文化互融。

明清以来，西蜀园林持续的各类造园活动，与川西地区民居修造、古镇建设、寺庙修缮等在同时代同环境下交相辉映，互补互助，尤其是建筑装饰、园林景观、陈设点缀、花草树木等方面的传统文化符号的运用，既符合中国建筑装饰文化内涵和形式，也受到本土道教“天人合一”、朴素自然观等传统哲学和宗教思想的影响，故能融会贯通。成都作为世界历史文化名城，历史底蕴清晰厚重，文化展示明朗可见，目前正推动“三城三都”建设，大力建设新发展理念的公园城市示范区。四川农业大学风景园林学院西蜀园林学科组一直致力于公园城市建设的传统建筑理论与时代运用探索，在西蜀园林、川西民居、古镇古街等多维度空间探寻造园技艺、传统文化符号运用、空间格式格局等要素，比对二十余年以来城乡建设中的建筑装饰传统符号的运用现状，喜忧参半，窃喜满怀的是，西蜀园林、川西民居等传统文化要素在城乡环境空间建设中比比皆是，或门或窗，或桥或路，或屋或墙，有石砖木土，有琉璃金属，有规有矩，有变有化。无论修缮古镇古街，还是新建楼宇公园，抑或是服装商品、幌子店招、装帧影视等，均是彰显文化之态。其表现或传统或新颖，这些千古符号变着花样走进了新的城市设计时代，徜徉新境况，传统文化线索以丰富的符号形式一直若隐若现地出现在成都，以此来判断，该类文化现象不会中断，甚至是成都最重要的文化景观标志。惆怅若失的是，思维层面，传统文化符号的地域特质展现不明显，呈现应付性、表面化、碎片化的普遍现象；符号提取层面，文化要素提炼不精准，内涵解读浅显，转译重组和再塑优化艺术形式欠佳；现代运用层面，缺乏传统文化符号全体系研究和正确引导，难有图文解析参考，未能按图索骥，可能皆为一网之借鉴，故而孤言寡语，失意失真。假设能收罗西蜀园林、川西民居等传统装饰文化符号，开展专业解读，系统梳理，图文并茂整理成册，未尝不能缓解以上困境，何乐而不为。

如此顾虑，忧心沉郁，失落情绪与日俱增，怯于西蜀园林、川西民居、古镇古街点位散布，保存零碎，数量庞多，如何调研？更担心这些装饰符号如星云浩渺，无穷无尽，何当收索？细想拍照、绘制、编排、解读等，耗时何多？谋事该理想，不忘此初心，此事一经提出，叫好不断，成事相聚，有锦江学院姜杰议老师、天艺生态园林集团黄远祥先生等人士，竟也这般充满地域情怀，淡泊明志，可谓志同道合。我们于 2018 年启动研究序列，至今渐续不断。团队辗转流连成都平原之古镇古街和民居名园，通过现场优选拍摄，符号收纳归类，式样考索，终有脉络。孙大江、姜杰议、黄远祥、何筱、侯捷、赵欢、赖欣、谢静、祝鸣川等人查翻文史，借鉴征引，绘制图纸，综合大量文献和研究者观点，较为系统地构建了西蜀园林传统装饰符号的理解与分析体系，探索了其发展渊源、价值观念和具体表达形式，解析了其不同的纹样特征，力图正本溯源，实现旧纹新意，方写出了洋洋洒洒千语文字。张英、侯捷、伍勇、胡宝月、刘斯、马鑫岑、席丹丹、周文龙等伏案描绘了千余幅细腻准确的传统符号形态，形成万千图案。本书图案均为自绘，分门别类依次妥放，笔墨落成，掂捻翻展，有赏心悦目之图文。以上微薄成绩，除了自言自语，感慨万千，也希冀能为成都历史文化景观、风景园林、旧城更新、装饰装修、媒体广告等新时代的新运用提供借鉴和参考，但却也深知团队由于精力限制、认知浅薄，作为抛砖引玉最为欣然。

本书也曾纠结于名字，因图文涉及成都等地多个古镇民居和十余个西蜀园林中的符号，考虑“西蜀园林”名字所能代表的学术广度和包裹内涵以及绵广的地域性更强，故定此名。因此后文在不同语境下存在使用“西蜀园林”“川西民居”“古镇古街”等词语，读者不必纠结混淆。由于该地区的相关研究领域还有很多盲区，加之可供借鉴的文献、书籍有限，图案和符号辨识度差，以及这些传统符号特质性与中国传统装饰符号无较大差异，容易复制理解，因此可能导致书籍存在一些问题和疏漏之处，一些不妥在所难免，尤其是图案解读甚至会出现偏差和失误等诸多问题，诚恳希望广大读者能够给予批评指正，多提宝贵意见。

张江

2022 年 12 月于四川农业大学

目录

1 西蜀园林传统装饰符号的形成

2 西蜀园林传统装饰纹样详解

3 西蜀园林传统装饰符号集示

1

西蜀园林传统装饰符号的形成

从远古图腾符号的出现，到象形文字的运用，再到近现代符号学的确立与应用，形式形制、格律严整的传统符号衍传有序，一直承担着所属地域的文化传承与发展功能。在符号学二分法里，“能指”为符号的载体，是符号可感知的部分，符号的意义在于其“所指”即指含义。西蜀园林、川西民居等空间作为四川传统建筑的文化景观典范，其中传统文化装饰符号也一脉相承，由不同维度、不同感知途径的物质文化符号组成。在建筑装饰过程中，古人基于当时社会普遍认可的意识观念选择“能指”的物源，这些物源以不同形态、不同序列出现在西蜀园林、民居建筑和庭院空间中，通过视觉、听觉甚至嗅觉对使用者、游园者传情达意，传达“所指”的美好寓意。这些构成繁美、内涵丰富的装饰文化符号也丰盈了西蜀园林的意蕴之美。这类似于“编码”的过程，基于普遍认可的意识将美好希望赋予物源形成精神识别符号，符号以不同的特征出现在各类建筑、园林空间中传达着不尽相同的语义。西蜀园林、川西民居的建筑装饰空间的符号系统，由多个类别的符号子系统（即单位符号）组成，包括使用者或纪念者（达官显贵、文人墨客等）、要素（建筑、山石、水体、植物、道路）、风水格局（人与要素之间、不同要素之间的空间关系）、声景（风声、水声、鸟声、琴声、歌声）、文学（诗文、楹联、故事等）和传统装饰符号（承载纹样的装饰部件，如铺地、窗花、门扇、脊刹、飞檐、吻、挂落、雀替等）。其中大部分符号系统的“能指”是很容易被感知的，但博大精深的“所指”却留在古人的内心，等待后人去解译。每套符号子系统都有一个相对完整而独立的符号编码过程，科学解译每套系统均需要在充分挖掘符号形成的时代、地域背景后进行解读。

西蜀园林空间中的传统装饰符号本质也是一种装饰艺术形式，是一种图案纹样组成的艺术符号，与川西民居、古镇古街所指一致。艺术形式被构建即从“意”，经过“匠”，到“形”的生成过程。装饰符号起源于普遍意识，传达希望意图，经过人为表现、艺术凝结，最终成形。在哲学思想、文学情怀、宗教信仰、艺术审美观念、风土人情等普遍被社会认可的意识影响下，种类繁多的物源被赋予了“所指”的吉祥寓意，这源于中国装饰纹样的传统——“图必有意，意必吉祥”。这些物源根据装饰构件的功能结构要求结合当时人的情感利益，以极具艺术性的构图纹样呈现在园林和建筑空间中，形成了可传达、可传承的传统装饰符号形态。我们可以理解传统装饰符号起源于普遍意识，在装饰构件的外形轮廓框架上，雕镂成纹，形成图案符号，这些符号以纹样形式反映了古人的物质利益和精神价值，体现了时代性与地域性共存特性，最终传达吉祥的文化价值观念。

在园林和建筑空间中，小至纹样，大到建筑体都是特定符号信息传递的物质载体，这些符号以一个或多个单位纹样在装饰构件中呈现，但都是局限于该装饰构件的外形轮廓。多个单位纹样组合时，存在主纹和组图纹之分，主纹即本装饰构件的画面和寓意核心，组图纹则是围绕该核心的附属组合纹样（图1–1）。单位纹样又是由一种或多种事物形象的纹样组成，所以要解译传统装饰符号，必先分析构成传统装饰符号的最基本单元——事物纹样。事物纹样又分故事纹样和物件纹样，其能指为一个故事或一个物件。西蜀园林中的事物纹样本身也是一种艺术

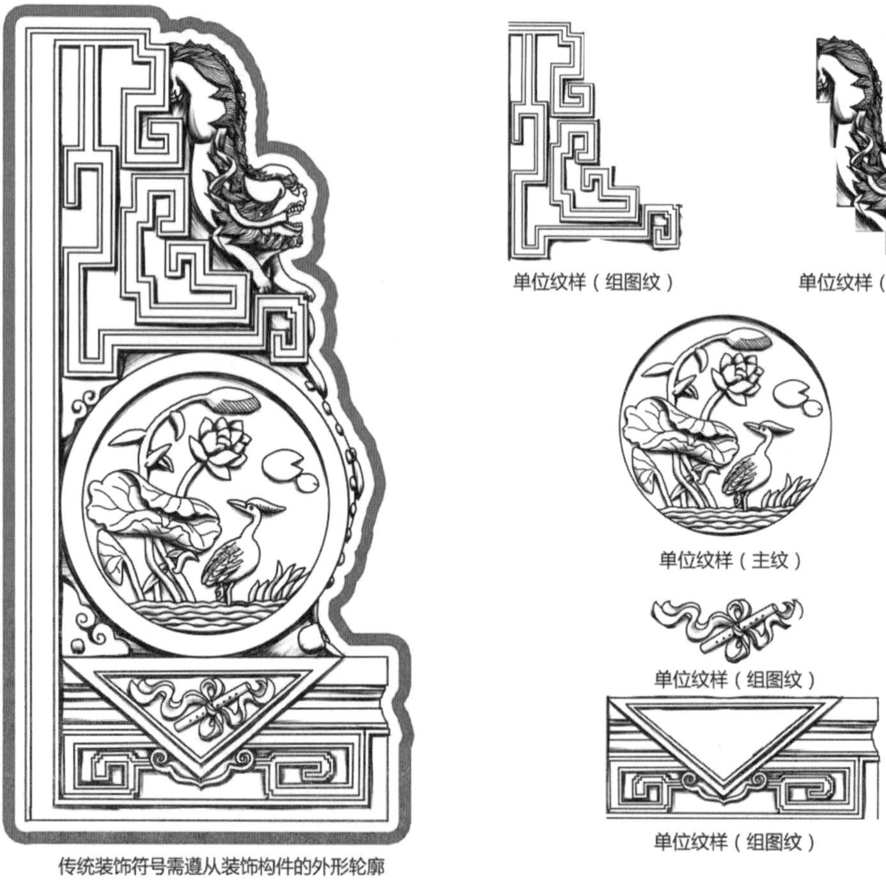

图1–1　传统装饰符号单位纹样构成示例

符号，它像是一种文字，具有丰富的内涵象征和外延形态，耐人寻味。事物纹样构建传统装饰符号就像是组词造句的过程，一两个或者三四个事物纹样组成的单位纹样就像组词的过程，单位纹样又像造句一样，将单位纹样组合为传统装饰符号，灵活多变的组合方式使得西蜀园林的传统装饰符号形式万千、意蕴无穷。受自然崇拜、宗教影响、生育崇拜、崇文之风、博众僭越、休闲享乐和谐音传意等普遍意识影响，纹样题材涉及自然山水、飞禽走兽（祥禽瑞兽）、花果树木、卷轴文字、生活器物、人物故事等，它们根据装饰构件的功能形态要求，以不同的形式组合，经砌、磨、雕、镂等表达技法，重构在装饰构件上，形成装饰符号，传达吉祥观。西蜀园林传统装饰符号提示所在区域的独特历史和祖先留存下来的思想意识，是感知四川传统文化丰富性的重要途径，更是传承和发展西蜀文化特色的重要形式。它们既是我们可以感知的物化知识力量构成的物态文化层，又属于精神创造领域的文化现象，是一种地域集体主观意识中的集体契约。受中国传统儒道文化普及的影响，西蜀园林传统装饰符号在起源意识、符号表达和价值传达等方面与中国其他地方的传统装饰符号是一脉相承的。

鉴于传统装饰符号系统的复杂性，解译分三步走。第一步：挖掘西蜀园林传统装饰符号的起源意识、价值传达和表达方式，为符号的解译寻找传统文化、传统价值观的支撑依据。第二步：西蜀园林的装饰纹样详解。结合传统装饰符号的起源意识和价值传达目标，解译其中的事物纹样。这类似于“解码”过程中对单个数字或代码的解译，只有在解译每个数字或代码符号传递的信息后，才能进行连串数码的解析。第三步：西蜀园林传统装饰符号的集锦展示与解译。基于不同结构功能下事物纹样传达的准确信息，结合承载的构件功能进行传统装饰符号的解译。民居建筑、园林建筑、寺庙建筑上的装饰符号密度最高、文化容量最大，因此，本书解译与集锦展示的传统装饰符号大都源自传统建筑。

1.1 传统装饰符号溯源

具有“所指”意义的“能指”符号必然是受当时社会普遍认可的某种意识影响而形成的。所以根据传统装饰符号形成的历史背景，挖掘西蜀地区传统装饰符号形成的缘由意识，能为最基本的事物纹样和传统装饰符号的解译研究提供历史依据。

1.1.1 历史背景

一直以来，成都平原拥有优越的自然地理条件，四周有连绵山脉，居中平铺广阔，土地肥沃，加之受到都江堰水利工程滋润铺灌，水旱从人，物产丰富，被誉为“天府之国”。以成都平原为核心的西蜀之地，商旅繁荣，社会安定，便有了“自古文人皆入蜀”的历史文化交融现象。至汉唐以来，该现象日益蓬勃增辉，这些都极大地促进了天府之国的社会经济、文化事业、城乡建设的广博发展。入蜀的名人雅士和贤达政要择址建筑、营造园林，亦受到中原文化体系影响并主动传播，将富贵平安、多子多福、青云锦绣等这些家族期望通过装饰文化符号进行输出。这一系列的时间经营和建造匠心行为，为传统装饰符号在西蜀园林、川西民居的表达提供了历史机遇，也使西蜀园林的符号具有了普遍性和地域性，成为天府文化的重要组成部分。总的来说，相对较好的社会经济环境为西蜀园林传统装饰符号的形成和发展奠定了物质基础。

四川历史上有过多次大规模的移民活动，包括明清时期的“湖广填四川”，这些抵达成都平原的移民活动和多维度的融合现象，不仅带来了思想文化的生机，促进了西蜀地区文化的繁荣，更带来大量的能工巧匠和风格各异的建造风格。输入的建筑营造、木工雕砌匠，同步提升了西蜀园林传统装饰符号的表现水平，优化了西蜀园林传统装饰符号的工艺技术。

三星堆和金沙遗址的发掘证明该地存在高度发达的古蜀文明，经过秦汉时期与中原文化的融合后，文化繁荣一直持续至今。在汉代鼎盛的儒家文化“德治”“礼治”和“人治”思想下，四川兴起崇文尚德之风，更推动了西蜀地区的文化繁荣，也推动了与中原地区的文化融合。西蜀地区文豪云集、英才辈出，这些都为该地区传统装饰符号的形成与演变奠定了与中原一致的文化基础。

西蜀自古各类宗教盛行，平原林盘、盆缘高山，点缀千计的名山、名宫、名观、名寺、名院，其中的殿宇阁楼、亭台轩榭、道桥路径等要素与环境相得益彰。屋宇脊檐，门窗隔扇、铺地跨桥等造型形式和图案雕刻均是精雕细琢，栩栩如生，在这些宗教空间里，既显现了中国宗教文化符号的同质感，也表达了西蜀地区气韵生动、清雅秀丽，朴质宁静的特性。

装饰符号都是为使用者提供精神服务的，是使用者个性表达和身份昭示的象征，符号运用具有综合性的背景选择。

1.1.2 纹样缘起

西蜀园林营造跨度千余年，中原文化始终支配其传统装饰符号的运用，但由于西蜀园林中更多的建筑空间具有生活和纪念的多重特性，因此在不同的功能性空间中，纹样的使用特色并无明显区别。考虑文化符号的相同性，结合形成的历史背景，参考相关文献研究，我们认为西蜀园林中的传统装饰纹样来源于自然崇拜、宗教思想、耕读崇文、生育崇拜、博众僭越、休闲享乐、谐音传意等七类意识，即为符号学中的“能指”内容。

1. 自然崇拜

在中国传统农耕时代，自然崇拜是十分普遍的，自然中的日、月、风、雨、雷、电等事物直接决定着人们的生活、生产甚至生命。西蜀地区人们对自然的依附更强，更多精神依托都是建立在自然要素之上，希望安全、富贵、功名等与具备象形和象征特性的花草、云水、日月相吻合。以太阳崇拜为例，在金沙遗址发现的太阳神鸟图案和三星堆遗址中发现的太阳形器证明古蜀先人即有自然崇拜的意识，并以太阳为物源形成图纹符号传情表意。到清代，成都、绵阳两地，农历十一月十九日还有祭祀太阳的“太阳会”，“各刹诵佛念经，乡人亦于斯日虔礼而敬祀”。由此可以看出，人们对太阳崇拜具有强烈的集体意识。三星堆出土的青铜神树，成都平原传承数千年的放水节，星罗棋布的雷祖庙、土地庙、东岳庙都能印证自然崇拜在当时的社会意识中的重要性。基于这种契约式的自然崇拜意识，西蜀园林在造园中运用了大量的自然物源图纹作为符号的“能指”，以此“所指”各种美好期许,比如西蜀园林中常见的太阳纹、水纹、云纹、植物纹、部分动物纹（图1-2）都是自然崇拜意识下形成的图纹符号。

2. 宗教思想

儒、释、道思想在西蜀地区的交融和滋养促进了该地区建筑多元化表达内涵，儒家主张“以人合天”，道家主张“天人合一”，佛家禅宗兼容儒、道思想。儒家主张以“礼”来规范人们回归天道。“三纲五常”也成为古代集体契约式的普遍意识。在这种意识影响下，与“忠、孝、节、仁、义、礼、智、信”相关的文字和故事以纹样的形式出现在园林装饰结构上。

“天人合一”的道家本源，根深蒂固地烙印在西蜀人的精神领域中。仙风道骨、虚无缥缈、洞天福地的理想境界是西蜀人独有的向往，在寺庙、民居、纪念等建筑、园林中可见的“葫芦纹”“鹤纹”“松树”“暗八仙”“八仙”等纹样

太阳纹

水纹

云纹

植物纹

动物纹

图1-2　传统装饰符号单位纹样构成示例

符号就是最直接的体现。道法自然思想也推动了“自然崇拜”意识的传播和发展。同时道家的生活态度和价值观念普及了长生的生活目标，自然界的这些吉祥物被赋予了长生的“所指”，如“鹤鹿同春”“松鹤长春（图1-3）”等图案纹样皆源于道家自然而然的超然思想。佛家尤其是禅宗思想在西蜀民众之间也广泛传播，如西蜀园林中出现的葡萄纹、佛手纹、串珠纹、万字纹、莲花纹、香炉纹等皆由佛教纹样演变而来。

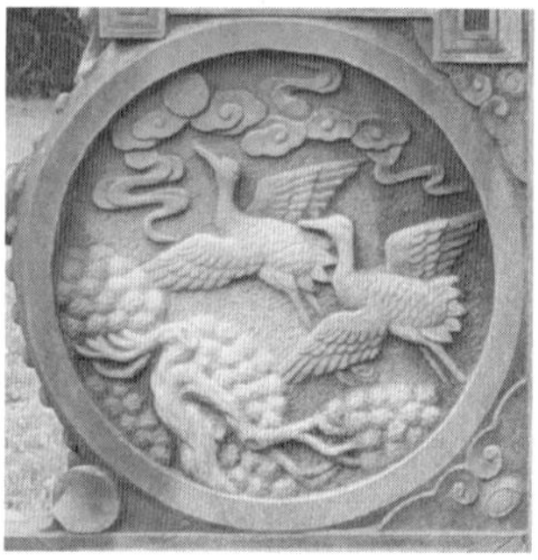

图1-3　松鹤长春纹样

3. 生育崇拜

人口数量是一个家庭、家族甚至国家的稳定和发展基础，家庭人口数量不仅是支撑家庭生存和生产、生活的基础，也是家庭、家族安全的保障，更是国家繁荣昌盛、国泰民安的后备。因此多子多福、早生贵子的期望成了家庭和国家大事。加之当时医疗条件和物质水平落后，人口存活率低、寿命短，再加上连年战乱导致人口锐减，人们对家庭的延续和数量增加更为迫切。人口的繁殖除了国家鼓励支持倡导外，其精神寄托、生殖崇拜的祈育意识也根深蒂固。自然界中的石榴、枣子等植物和一些谐音物件成了人们希冀传宗接代、家族繁旺的象征物和寄托。在川西民居、古镇古街中源于祈育意识、歌颂生命繁衍主题的纹样极为丰富，如鱼穿莲、蝶恋花、榴开百子、猴吃桃、龙凤呈祥、凤穿牡丹、瓜瓞绵绵、狮子舞绣球、丹凤朝阳等，都有阴阳结合创造生命的暗示。

4. 崇文之风

四川省地处中国西南部，远离封建政权的中原核心区域，在交通不便的古代，蜀地多为中原王朝的流放贬逐之地，诸多士大夫阶层的文人墨客在“文人入蜀”感召下或被贬逐之后来到成都平原。历经巴山蜀水，沿途留下过数不胜数的传世佳作，更将习文之风传播到西蜀之地，其文艺精彩在成都达到高峰。这一系列历史文化现象和移民活动极大地推动和丰富了蜀地的文化，传播了习文、崇文之风。《汉书》记载的“至今巴蜀好文雅，文翁之化也”，这开启蜀地教育传文、教育崇文、教育盛文的文化教育序列。加上“天府之国”的优越的地理位置，人们生活富足安定，耕读传家，乐得自在，所以崇文也成为当时社会的普遍意识。自然界中的坚强不屈、冰雪傲霜等现象成为表达文人气质和存在的价值物品，符合其形象的纹样符号应运而生，学子寒窗苦读应景联想为“冰裂纹”，象征着睿智与深刻。习文者有坚贞、清贫的特质，故以“梅、兰、竹、菊”自比，象征着坚韧清高的自我品性。除此以外，西蜀园林中还出现了“博古纹”“岁寒三友”“麒麟吐书”等崇文意识孕育而生的纹样，这些纹样传达之意大同小异，皆由崇文意识孕育而生，这也是中国普适文化之一，放之四海而皆准。

5. 博众僭越

千百年来，西蜀地区的数次移民活动，不仅增添了人口，丰富了社会单元，推动社会经济发展，更是将各地区的文化进行了融合，不仅入乡随俗，还锦上添花。能人巧匠、民风民俗在这里与蜀地文化、建造思想碰撞磨合后，相互包容形成了博采众长的普遍意识。同时，在建设过程中，苏州园林、岭南园林等私家园林的造园风格和图案纹样被西蜀园林所接纳运用，甚至一些西洋纹饰在川西民居中也有出现。到民国时期，这一系列图示、装饰符号完成了定格。

成都平原四周环山，人口结构复杂，文化现象多元，人群又远离封建统治阶级政治中心，封建制度和礼制约束较轻，使这里的人具备了诙谐幽默、不拘一格甚至不拘于礼、不拘于法的性格。建筑专家刘致平先生在对川西民居进行调查后，就认为该地区民居建设存在突破传统规则的现象。的确，成都平原阴天居多，朝向难判，生活自由散漫，作风不拘一格，随遇而安。大量的民居朝向、建筑形制、庭院布局、家庭陈设等无规律可循。温江陈家大院的格局和布局逾制，风格多样，部分图文至今不明其意，无论是布局、空间格局和组织，还是细节装饰都存在主人和工匠在造园时的僭纵逾制，或有新意和潜意，不得而知。除此以外，刘致平先生记录的广汉张宅叙伦园的不规则布局、德阳段家大院将皇家专属的龙头套兽用于屋檐之下等现象似乎都反映了僭越意识在蜀地的存在。诸如此类并非个例。在博采众长和僭纵逾制的意识作用下，川西民居装饰符号广泛吸纳全国各地甚至西洋外邦的传统图案纹样，并加以灵巧运用，形成的图案既严肃规则，也自由飘逸，这也是西蜀园林传统装饰符号的重要特色。

6. 休闲享乐

成都平原又谓之天府之国，山环水抱，自然环境优美，气候温和宜人，生活环境平和优越，生产条件便捷良好。这里远离政治中心，战乱较少，较长时间保持着安定和谐的局面。在文化交融和互补中，形成了乐和豁达、礼尚往来、邻里互动的氛围，美酒、美食、美景四时不断，休闲乐活蔚然成风。俗话“少不入蜀，老不出川”夸张地描述了蜀地的散漫和悠闲。晋代《蜀都赋》写道：“合樽促席，引满相罚，乐引今昔，一醉累月”，唐陆游笔下的成都是“二十里中香不断”“豪华行乐地，芳泽养花天”，甚至在与信仰有关的游百病、踏青、赶花会、游喜神方等民间信仰活动也充满了娱乐之态，颇具包裹性和海纳百川。由此可见，在特殊的地理环境孕育下，自古以来该地就有休闲享乐的社会特征。顺理成章地形成了独特的茶文化、服饰文化、戏剧文化、饮食文化、游赏文化，以戏曲故事和神话故事为核心内容的传统装饰符号，大量地出现在建筑和园林装饰构件上，如《白蛇传金山寺》《柳荫记》《西厢记》《玉簪记》《天官赐福》《麻姑献寿》等，已经湮灭的摩柯池、西园、可园，现存的罨画池、桂湖、东湖、望江公园等西蜀古典园林无一不冠以官居衙事之名，是为文雅之士、民众游客赏玩之佳地。故此大量的装饰符号，兽走鸟飞、硕果瓶器，抑或西厢记、三国志、八仙神通等图饰充满乐活轻松的气息。

7. 谐音传意

因汉字渐进演化和固化过程，一直都是基于自然识别后的象形象义中发展的，同时文字的谐音与自然要素物体相通，相互传意。其字之形式来源于自然中的动物、植物。词组是在字的基础上的吉祥形容，如“猴”为自然中的猴，词组为吉祥寓意之谐音“封侯”，词汇为“马上封侯”。汉字中的同音字、近音字是非常多的，这也为谐音传意奠定了语言文字基础。比如小时候不慎打碎了碗碟，大人们总会说岁岁（碎碎）平安；每当过年，大门上总会贴上倒着的“福”字，谐音“福到”。除此之外，还有考前吃“粽（中）”，过年吃“年糕（年年高升）”等风俗习惯似乎都能说明“谐音传意”从古至今都是中国社会的普遍意识之一。将谐音语法与图纹传意相结合也更易表达那些抽象的概念或时间跨度较长的希冀，让抽象的概念更为形象。正是谐音传意的这种优势，西蜀园林中出现了大量运用谐音祈福的传统装饰符号，如莲笙桂籽（莲生贵子）、蝠（福）、鹿（禄）、扇（善）、封侯（蜂猴）等，这些物源本无所指之意，甚至毫不相关，但在谐音传意的意识引导下，这些物源即被赋予了所指期许，传达着古人的精神价值和物质期望。

1.2 传统装饰符号传达的价值观念

人们向往某种理想的思想意识会激发象征性艺术符号的产生，其艺术价值的广泛传达便是其最终价值的体现。传统装饰符号传达的价值观念是其形成的目的，是其令人自我安慰和意图趋势所指，也是符号神秘与魅力所在。西蜀园林、川西民居建筑中大量的装饰符号体现了使用者、营造者、传承者的用心，传达了其向往的意图，体现了所指价值。辨识这些符号的象征、寓意和期许，能明白所指的是“美好”“吉祥”“富贵”“团圆”的含义，引导人们乐观向上，生活事业圆满。受中国社会环境和文化氛围的影响，凡有符号出现的地方，都会传达这些吉祥观念，并刻意避免不吉利的符号出现。比如儿女出生，父辈取名时会遵循趋利避害的习惯和家族辈分原则，谨慎揣摩每一个字，希望伴随儿女一生的文字符号能助其吉祥美满。过年贴春联的语句内容，年画中的题材也尽是表达人们对来年吉祥富贵、出入平安等愿景。

中国传统社会普遍追求的精神理想和物质理想世界，很大一部分会专心寄托于这些图腾和一些民风民俗活动。人生在世，都希望一切顺利、幸福美满、吉庆祥和。早在《庄子·人间世》中就有言“吉祥止止”，希望吉庆祥和之事延绵不断。所以无论身处社会何种阶层，祥和还是战乱，富足还是贫穷，失意或是落魄，都希望自己安居乐业、子孙发达，生活更加美好，吉祥这种期许始终贯穿一生。可见能广泛承载这些愿望的图腾是传统装饰符号所传达的价值所在。

这些吉祥的价值观念通过最常见的文字（楹联、俗语、歇后语等）、纹样（瓷器、年画、雕塑等）等进行传达。人们居住生活、宗教祭祀、雅集文艺之空间是表达这些价值观念的主要载体，随时可见，随处可见，吉祥氛围弥漫。当然步履庭院当中，举手投足之事，多维度吉祥符号的全覆盖更体现了中国人特有的固执情怀与盼望意蕴。

吉祥文化流传数千年，贯融长江南北，包罗人文万象，承载了中国人对美好的所有愿景，内涵极为丰富。吉祥文化最初归结于“福、禄、寿”三个字，即幸福、官禄、长寿。后来又叠加了“财”和“喜”两个字，变成了“福、禄、寿、喜、财”。当代我国艺术学学科的主要创始人张道一先生归纳吉祥内涵为“福、禄、寿、喜、财、吉、和、安、养、全”十个字，又称“吉祥十字”。所指幸福、官禄、长寿、喜庆、财富、吉利、和气、平安、修养、平安之意（如右表），这样就全面地阐述了吉祥文化的内涵，十全十美地涵盖了中国人所追求的精神价值和物质欲望。基于中国传统装饰符号的普遍价值观念，通过“吉祥十字”有利于我们去系统解析西蜀园林传统装饰符号的价值观念，解译符号传达的准确内涵，探析其中的精神理想和物质欲望的表达。西蜀园林其建筑既有衙署功能，又有祠宇形制，还有川西民居之形态，分析不同载体、建筑构件的符号存在，其能指和所指均为吉祥文化。

吉祥十字	吉祥内涵
福	幸福、有福、福在眼前
禄	官禄亨通、仕途顺进、地位崇高
寿	健康长寿
喜	喜结连理、喜得贵子、子嗣延绵、多子多福
财	财富、富贵、富足
吉	吉利、如意、吉星高照
和	以和为贵、夫妻之和、六合同春、家庭和睦、天下太平
安	平安
养	文人修养、崇高品质、智慧、英雄气概、博古通今
全	十全十美、吉祥年年

1.3　西蜀园林传统装饰符号的表达

传统装饰符号的寓意吉祥，凸显了使用者的精神寄托和发展期许，彰显了制作者的匠艺匠心，精雕细琢，篆刻研磨，敷色鎏金，塑造捏型，实现了表里如一。西蜀园林中的传统装饰符号的表达同样具有普遍性，能工巧匠依承传统工艺工序，成竹在胸。将能指的自然物源或者动物等吉祥纹样进行提取、艺术重组、形态再构，优选相宜材料，采用特定技法，根据不同构件位置和所指，确定立意和构图，再行不同之工艺。这就使西蜀园林装饰符号制作章法有序、匠心独运，实现了建筑空间、装饰文化的浑然一体，妙趣横生。其装饰符号之设计体系和表达逻辑依据以上研究序列，将从纹样形法、构成骨式、构图原理、工艺技法等四个方面进行解析。

1.3.1 纹样形法

1. 写实法

中国传统装饰符号更多的是将约定俗成或了然于心的传统图案直接复制在建筑、庭院、家具等装饰构件上，这都是通过口授相传至今的，大部分单位纹样可以一成不变地直接沿用即可。西蜀园林中也如此，但部分纹样还是取材最贴近生活的要素，将寓意极强的物源要素通过写实或夸张手法进行呈现，这种手法均是依据植物、动物、器物等物源本身的原型特质进行再创造（图1–4、图1–5）。基于装饰本身的写实性就具有较强的艺术价值和吉祥寓意的传达属性，如葡萄的硕果累累本身的点状团聚构图，同时会结合实际，在数量上、疏密组合上进行夸张表达，与其他写实对象进行画面组合，极大地增加了其装饰符号的艺术传达价值，使整体空间生动自然、妙趣横生。这种在物源写实基础上通过省略、变形和重组等方式的装饰纹样是最易识别的，能指和所指极为明显，也为后人解读提供了多种所指和寓意解读，这一类也最为普遍，也是所有纹样形法的基础。

图1–4　脊饰上写实葡萄纹样和喜鹊纹样（桂湖）

图1–5　门扇荷花纹样（桂湖）

2. 省略法

省略法也是在写实的基础上，将物源实物典型特征进行高度凝练、归纳、取舍后的一种简化的形式手法。在表现过程中的具体做法就是省略重复和相同的线条、组织单元，提取典型特征，简化结构轮廓，这也是雕刻技术的需求。如狮、兽等动物有数万根鬃毛，如果以写实手法进行表现，会出现大量的重复线条，在图纹表达过程中通常处理的方式是将其省略至数十根（图1–6）。又如松树分枝众多，有数以千计的针叶叶片，归纳重组松树纹样之时，结合书画艺术构图原理，通常会简化至两三分枝结合数十针叶片进行创造（图1–7）。在西蜀园林传统装饰符号中还有很多因为装饰构件结构功能的需求将物源形式简化表达，这样形成的纹样简洁明了、浑然一体，如门洞上磨空的装饰符号大多是通过省略手法表达出来的。省略法是纹样塑造中形制最为考究、构图最为讲究的方法，体现了创作者的艺术底蕴和高超的美学功底。

图1–6　陈家桅杆　狮子纹样

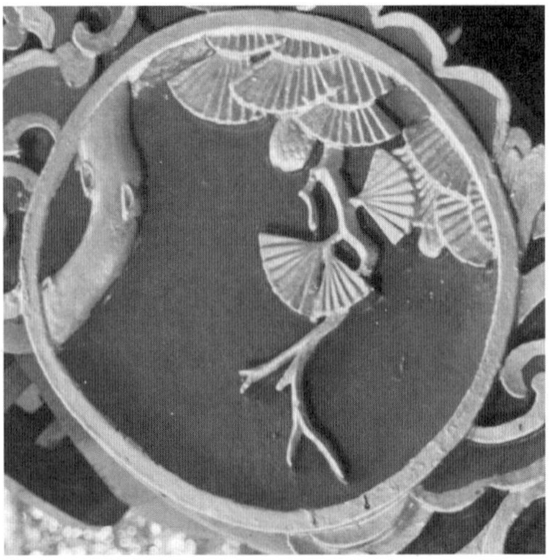

图1–7　桂湖公园　松树纹样

3. 变形法

省略法是在写实法的基础上的删减和重构，产生的纹样同样具备清晰的物源特征，所指明显。变形法是比省略法需要更多融入主观能动性的一种表达方法，需要对物源形态特征进行较大改动，如夸大细节要素、外形轮廓，凸显典型特征，实现特定所指，如突出虎豹眼睛凸显威严，如门神、鬼魅、仙人等均有夸张异态，给人以震撼之感。林林总总，但其所指不变，主要为一改常态，增强创意性，提高阅赏鉴别能力，突出图案纹样的特殊艺术价值和独特观赏性。文字纹表达过程中变形法的运用是最为自由的，文字纹可以在文字形象的基础上随着匠人的意志意识千变万化。比如“万寿”纹（图1–8）、“千喜”纹便是这种文字变形后的表达成果。

图1–8　牌匾万寿纹（陈家桅杆）

4. 创造法

古人在吉祥纹样的理解和创意方面除了源于自然、高于自然进行的具象识别，物象之外的精神领域时空是超越现实的，并受到远古混沌文化、三皇五帝、春秋战国、先秦时期神仙等文化影响，在自然胁迫、政治高压、仕途不得意之下，产生了极多的精神符号和图腾以此安慰。这一系列纹样本没有原型，是依托现实可识别的吉瑞物源进行全新创造，如《八仙》《封神榜》《西游记》等故事中的典型的人和物，这些约定俗成的纹样成了认同度较大的符号和某类精神象征。“龙”便是中国人创造出来的独特形象，是识别性最高的单一纹样。世上本无龙，但没有物源可以指代无所不能的权力和无往不至的能力，所以创作者便结合故事传闻，依据水、陆、空的吉祥动物，取其优势器官创作组合而成了“龙”（图1–9），让龙具备上天入地、潜渊唤雨的能力。龙纹成了象征着能效完美、风调雨顺（也有水旱灾害，说明任何事物都具有两面性）和至高无上权力的图腾，并规定了使用规矩。凤凰、鸱吻、麒麟、朝凤等也是通过类似情况而创造的。

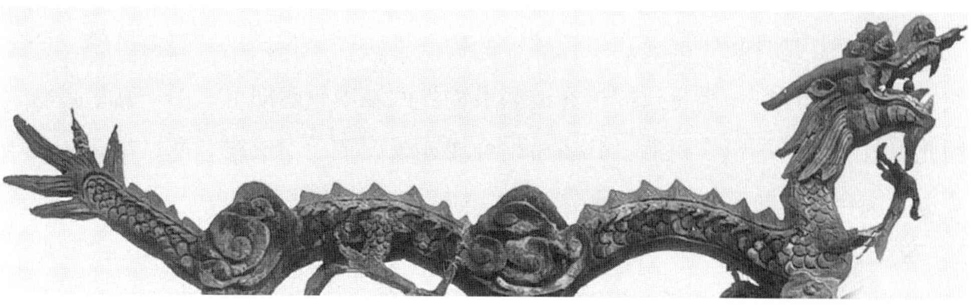

图1–9　黄家大院脊刹龙纹（元通古镇）

传统装饰符号丰富多彩，遍布宫廷寺庙、民居宅院、古典园林、戏剧歌舞、文章纸帛等，运用广泛。因此其手法极为繁多，不仅包括这四种，还存在多种方法，如综合法、特异法等，如有些草龙纹和缠枝龙纹就运用了省略法、变形法和创造法结合的形式手法。

1.3.2 构成骨式

传统装饰符号的表达是在写实基础上进行再创造，所采撷的纹样往往都是单一纹样，如一朵花、一片叶、一只鸟、一头狮子等，所指其基本寓意，但要进行重组、重构，进行多种要素组合的时候，形成丰富多彩的单位纹样，这往往要遵循一定的构图法则和规律，实现实用和审美的和谐统一，达到所指目的，同时要服从建筑装饰构件的装饰和支撑功能（适合纹样）。换而言之，传统装饰符号构成需要满足“适合纹样”的组织原则，将单一或单位纹样置于一定的外形框架之下。传统装饰符号的形状面域，是由不同数量的单一纹样或单位纹样组合而成，其采取一定的组合方式而形成适合纹样及传统装饰符号，便于识别和传播。这些组合方式即形成了骨骼，称为构成骨式，西蜀园林中建筑装饰符号骨式主要也是以“单独纹样”“二方连续”“四方连续”“边缘围合”“饰面开光”等种类为主，在其他如服饰、戏剧、庭院等装饰纹样构成中同样运用。这些骨式即为章法，其组合方式、重构手法、不同的工艺都需要契合装饰载体的外形轮廓，遵循“适合纹样”的组织原则。

1. 单独纹样

单独纹样一般是作为主纹单独存在，完整且独立，往往是单一纹样或单位纹样独立表现符号所指，如照壁中间图案、悬鱼、地面图案、屋脊中花等。由于单独纹样构成中只有一个单一纹样或一组单位纹样，往往能形成视觉聚焦，能体现核心价值，其地位更为彰显。单独纹样的构成骨式若单独运用，仅需遵循“合适纹样”的组织原则，满足纹样填充或装点构件的基本轮廓即可。由于其呈点状，因此也具备最佳的组合机遇，其还可组合成连续图案，形成线、面，更多的是与“边缘围合”“饰面开光”两种结合运用构成骨式。

2. 二方连续

二方连续是由一个单一纹样或单位纹样，向左或右、向上或下连续重复排列，在构图中规律性强，构图严谨。西蜀园林传统装饰符号中，运用二方连续构成骨式的物源多以花卉草本为主，其次是几何形，有的会有规律地穿插其他题材

的单一或单位纹样，以破除单一的二方连续构成的呆板问题。二方连续作主纹构图骨式的装饰符号多出现于正脊、戗脊之上，另有大量建筑、匾额、道路、庭院的边饰也是采用二方连续的构成骨式。二方连续的符号构成，可以带来很强的规律性视觉效果。西蜀园林传统装饰符号中的二方连续构成骨式又可细分为波形二方连续、折线二方连续、散点二方连续、接方二方连续四种细分骨式（图1–10、图1–11、图1–12、图1–13）。

图1–10　波形二方连续纹样构成

图1–11　折线二方连续纹样构成

图1–12　散点二方连续纹样构成

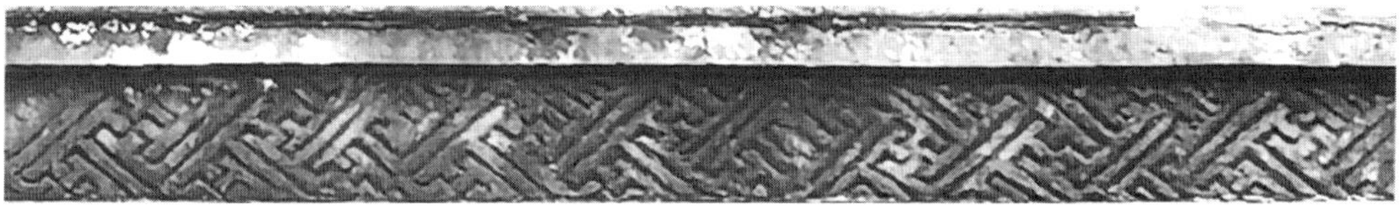

图1–13　接方二方连续纹样构成

3. 四方连续

四方连续是指一个单一或单位纹样以左右上下呈四向重复循环延续的构成骨式，形成方形或矩形的面域，这样表达面域更大，构图严谨，肌理美观，工艺繁复，具备极强的符号展示功能和工艺匠心，给人极强的规律性视觉效果。西蜀园林运用这种骨式的纹样题材多以几何形为主，嵌套花朵纹样，也有缠枝、卷草和团花等题材单位纹样出现。以四方连续为构图骨式的装饰符号多出现于建筑门扇、窗棂之上。西蜀园林传统装饰符号中的四方连续构成骨式又可细分为连缀四方连续（图1–14）、缠枝（卷草）四方连续（图1–15）、散点四方连续、重叠四

图1-14　连缀四方连续纹样构成

图1-15　缠枝（卷草）四方连续纹样构成

方连续四种细分骨式。

4. **边缘围合**

边缘围合纹样又称为边饰围合、花边围合、带饰围合。通常和单一纹样构成骨式结合使用，多以“角花式”和“包围式”两种细分骨法出现（图1-16），中间福字为单独纹样。“角花式”又称包角，即角花包裹主纹的构成方式。常见形式有对角花和四角花，以四角花形式居多，主纹和角花纹样的构成骨式多是“单独纹样”，角花纹样相同或相近。“包围式”则是以线性纹样的边缘包裹主纹的构成骨式，边缘纹样多采用二方连续的骨式。该类装饰符号的运用需要设计布置大小宽窄比例合宜的线条。边缘纹样工艺交错繁杂，但轮廓清晰，连贯自然，外

图1-16　边缘围合式纹样构成（外为包围式、内为角花式）

形轮廓灵活多变，可延展性较好，装饰性强，是西蜀园林传统装饰符号中使用极为广泛的一种构图骨式。

5. 饰面开光

饰面开光主要运用于较为复杂的功能性结构上，往往用在位置重要的地方，且寓意丰富，故而在纹样选择、构图板式、雕刻工艺等方面颇为讲究。“开光纹样”又称“盒子心”，勾画出一个特定形状的“盒子”，在这个盒子空间中饰以主纹的构成骨式，形成一幅完整的适合纹样，即为“开光纹样”。在瓷器装饰中有“锦地开光”构成骨式，在园林装饰中可以称之为“饰面开光”——装饰面上留出空间装载各个类型的纹样。在西蜀园林中饰面开光的构成骨式多出现于门窗、撑弓、雀替、抱鼓石等装饰构件（图1-17）。主纹题材灵活多变，几乎所有类型的题材都有使用。勾画的“盒子”形状也较为灵活，有圆形、扇形、菱形、三角形等几何形，也有葫芦形、月形、心形等拟物形状。盒子之外的组图纹题材多以缠枝、卷草、回纹为主。

图1-17　饰面开光纹样构成

1.3.3　构图原理

1. 对称与均衡

西蜀园林传统装饰符号中出现得最多的美学原理就是对称和均衡。所谓对称即指单一或单位纹样呈现左右或上下对称布局，类似镜像翻转。对称原理中又分

“局部对称”和“完全对称”两种形式，局部对称即符号的形状轮廓对称，但其中的单位纹样为不对称的构图手法（图1–18）。完全对称即单位纹样和形状轮廓以一条或多条轴线为中心，呈现对称均衡的构图手法，表达一种稳定均衡、庄严神圣的画面，如脊刹、雀替、挂落、悬鱼、垂花等部位的纹样（图1–19）。

图1–18　局部对称

图1–19　完全对称

“均衡”并非是一定采用对称布局才实现平衡，而是结合装饰符号载体形态，合理布置单一纹样位置，将其进行重构，灵活分配画面尺度，布局疏密有致，图形大小配合，点、线对比强烈，突出主题寓意，巧妙地实现一种视觉杠杆原理，实现视觉上的协调平衡。这类构图原理极为普遍，也是借鉴了中国传统花鸟画和自然界中的自然平衡原理。在运用上，其常常与对称的装饰符号组合，也是很多装饰构件中主纹和组图纹最常用的一种形式（图2–20）。

图1–20　均衡构图

2. **对比与协调**

对比原理的运用也是来源于自然界中的万千变化，也是借鉴传统山水画的艺术布局，使图形能产生千姿百态的变化，彰显艺术功底。西蜀园林传统装饰符号利用对比与协调原理，包括留白面积、疏密空间、线条粗细、曲直方圆、数量多少、大小高低等对比，以及姿态的动静对比，色彩的冷暖对比，例如，世代封侯纹（图1–21）之线条与动态对比，其中老少双猴的姿态对比、形象对比，使画面更加协调和完整，故事性表达更为充分，而杜甫草堂脊刹（图1–22）采用的是一种色彩对比手法。

图1-21　世代封侯纹

图1-22　瓷拼中花

图1-23　协调纹样式撑弓

协调是达成多样和谐统一的美学原理，将对比、散点、多要素的纹样归纳到一个有序的统一体中，实现画面的协调。通常是采用相同或相似的外形轮廓、符号材质来协调相近空间的装饰构件和装饰符号的完整视觉感受。在色彩对比之中，以相同的材质协调视觉统一感。也有图1-23所示的协调纹样式撑弓，撑弓虽主纹不同，但通过缠枝线条的聚中趋势，将主纹进行包裹，形成了和谐画面，同时，相同的形状轮廓和组图纹让两个装饰构件拥有协调统一的视觉感受。

3. **节奏与韵律**

传统装饰符号中的单一或单位纹样周期性的重复延续，像波形二方连续和折线二方连续构成骨式那样，在视觉上形成一种有规律的延展，产生了强烈的节奏感和韵律，形成了轮廓突出、装饰效果明显的骨式，将单一的装饰符号拓展到最大化，形成了强烈的秩序之美。西蜀园林大量的脊饰符号、照壁装饰、道路边带、门扇窗花、屋檐瓦当等，就是这样富有韵律变化的美感。罨画池的建筑脊饰（图1-24），兰花卷草的单位纹样，顺着横向的中心轴上下起伏并数次重复排列，形成了强烈的节奏感，渐变重复形成韵律。

图1–24　罨画池脊饰和栏杆符号

1.3.4　工艺技法

1. 雕刻

中国传统装饰符号雕琢刻画的工艺效果美轮美奂、栩栩如生、形神皆备，形象地传达了使用者的精神需求。其雕刻技艺技法精彩绝伦，不同的材料赋予了不同的表达方式和特定技艺。雕刻常见的有木雕、砖雕和石雕三类。按雕刻技法主要可分为浮雕（图1–25）、立体圆雕（图1–26）、镂空雕（图1–27）三类。西蜀园林传统装饰符号的木雕、砖雕和石雕上主要使用这三种雕刻技法。雕刻材料往往是由装饰部件的功能性和承重自重要求所决定的，比如较重的石雕一般出现抱鼓石、柱础等近地面的装饰构件上，而木雕经常出现在雀替、撑弓等需要仰视的

图1–25　门扇龙纹浮雕（罨画池）

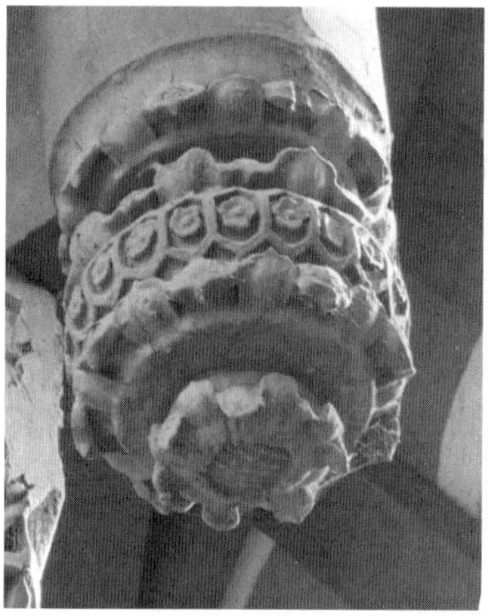

图1–26　垂花立体圆雕（东湖古柏亭）

图1-27　挂落镂空雕（东湖古柏亭）

装饰构件上，砖雕主要是照壁、山墙、地面等处。雕刻材料和工艺技法的不同，往往能给予使用者不同的质感感受。雕刻结合物源特性，必须体现出其生理特征、机理材质和组合的画面效果，雕工娴熟，婉转自由，可谓鬼斧神工方可成型成势。

2. **灰塑**

灰塑以造型精美著称，是以黏性土壤——黄壤、白缮泥等为原材料，辅以稻草、生石灰、铁丝等结构材料，结合琉璃、瓷片等辅材实现锦上添花。灰塑通过写实手法和多种骨式进行构图，质感朴实，细节精巧，工艺圆润细腻，能经历风吹日晒，可塑性极强且密度质量较轻，因此大量地出现在墙体或屋脊部位（图1-28）。西蜀园林中，灰塑也出现在花台、盆景的制作中。灰塑技法多样，不拘一格，主要有透雕、浮雕和立体雕，通过匠人的堆、捏、塑、刻、雕、贴等技

图1-28　鸱吻、飞檐、脊刹、正脊、垂脊上的灰塑（陈家桅杆）

法，逼真地表达出纹样的形态、机理和表情，表现出纹样的灵动飘逸和剔透的空间立体效果。

3. **瓦作**

“瓦作”一词出自《营造法式》，瓦片是川西民居最常见的建筑材料，运用于屋面，西蜀园林始建之时，基本都位于川西林盘中，整体风格质朴简约，建筑也为典型的川西民居，所以瓦的使用极为普遍。除了实用功能，瓦片也大量运用在屋顶、围墙、照壁、漏窗等装饰上，采用层叠、拼花等技法，骨式简单，风格朴质多样。屋顶的叠砌瓦作纹样多有金钱纹、锁链纹、鱼鳞纹、波浪纹、轱辘钱纹、波浪纹等，组合的单位纹样体现了升官发财、锦绣富贵、满腹经书、金山银山等寓意。瓦当滴水多呈现以“福”“禄”“寿”“喜”为价值传达主体的装饰符号，其纹样多为烧制而成（图1–29、图1–30）。瓦的使用是西蜀地区的一种情怀，其简略的构成和图形能表达最质朴的愿景，对部分老匠人来讲，也是一种必备技艺。同时，不同形制的建筑、围墙，瓦的使用机

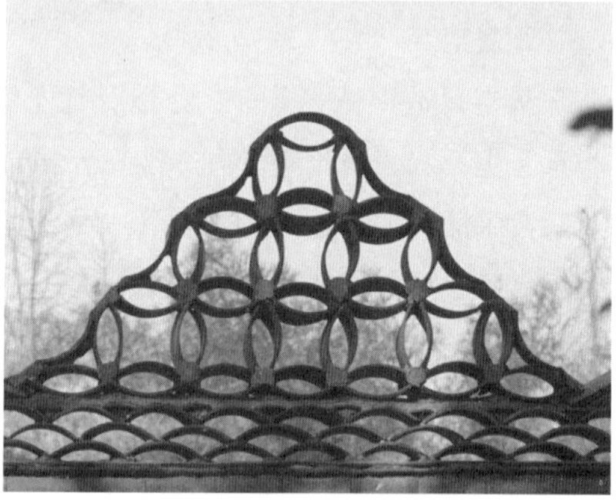

图1–29　瓦作钱纹
（金堂贺麟故居、新繁东湖公园）

图1–30　福兽（陈家桅杆）

遇和瓦当一样，也是有规矩约束的。

4. 镶花

镶花根据材料的不同分为镶瓷和镶石两种工艺技法。总的来说，镶花一般通过镶、嵌、拼、贴的方式运用进行表达。镶瓷即选取各种颜色鲜艳的彩瓷器或青花瓷器，按构件需要敲打成大小不等、形状不一的细小瓷片，或直接利用残损的瓷片，在灰塑或胚胎模型基础上，镶贴出器物、人物、动物、花卉、山水等纹样。镶瓷技法主要运用在屋脊、飞檐、花台、墙面等部位，也有做文字装饰使用，如杜甫草堂花径处照壁“草堂”二字，在川西之黄龙溪、街子等古镇也常见。因瓷器多变的色彩，碎片不均的整散对比和镶贴而成的裂纹肌理，使得镶瓷工艺在表达效果上具有独特的艺术美感（图1–31）。镶石技法也多用于西蜀园林庭院、小径和广场的铺装纹样表达中，选取不同颜色或不同大小的鹅卵石、瓷片等材料进行装饰，镶贴过程中以颜色对比或大小、质感对比突出不同题材的纹样。

图1–31　镶瓷宝顶（上图为三苏祠），镶瓷飞檐（下图为杜甫草堂）

5. 磨空

“磨空”一词出自《园冶·门窗》，指将门窗设计成空心的各式形状，如常见的月亮门和海棠窗的工艺技法。该技法只以轮廓形状为单位纹样构成符号，通常为单独构图，也就是说磨空技法是一种以轮廓传形的工艺技法，因以轮廓传形内部空心，所以几乎只是在门窗装饰的过程中进行应用（图1–32）。

图1–32　磨空宝瓶门洞（罨画池）

6. 棂画

棂画是指采用木质棂条通过一定的骨式进行构图拼合，利用非承重棂条进行制作安排，形成镂空纹样的木制构件，这种技法类似木条作画，故称之为“棂画”，统属于《营造法式》中所述小木作类。其原理是通过棂条之间不同的连接方式，结合工字、套环、方胜、卧蚕等小单件，组合而成样式丰富的棂心（隔扇心）纹样。中国传统建筑中棂画的样式主要有横竖格、交斜格和菱花格。菱花格多见于宫殿门窗，西蜀园林虽受“僭纵逾制”的社会意识影响，少有出现，但大多样式还是横竖格和交斜格（图1–33）。棂画技法还用于隔断、栏杆、外檐装饰及防护构件等部位。

图1–33　棂画冰裂纹漏窗（罨画池）

2

西蜀园林传统装饰纹样详解

2.1 自然纹样

2.1.1 水纹

水为万物之源，不同的水景形态能代表人们不同的心境。水更是人们哲学和精神生活的重要物源：水能载舟，亦能覆舟；上善若水，水利万物而不争；鱼水情深等已经成为人们的生活哲学指向。这样静水、流水、涌水也由自然状态转化为了有型形态，并与龙、鱼、云、植物、膳食等相映成趣地构成了许多唯美的吉祥画面，形成了系列丰富的单位纹样，运用也极为广泛，体现在各行各业的装饰上，水也因此成为最具代表性的祥瑞之物，水纹传达着丰沛、官阶、祥瑞、富贵、长寿及平安的价值观念。

西蜀园林传统装饰符号中水纹有单独构图的，也有作为组图纹样与其他吉祥纹样组合构图的情况。水纹虽处于次要地位，却有增添气势、增补空间、协调布局的作用，多出现在正脊两端、戗脊、木雕及桥面装饰上，以变形手法创造一些连续纹样，产生节奏和韵律。

图2-1所示水纹位于桂湖的正脊，水纹刻画在脊饰上，多为保佑建筑吉祥、驱火、保平安的用意。无独有偶，新繁东湖的建筑正脊两端装饰上也常出现水纹（图2-2）

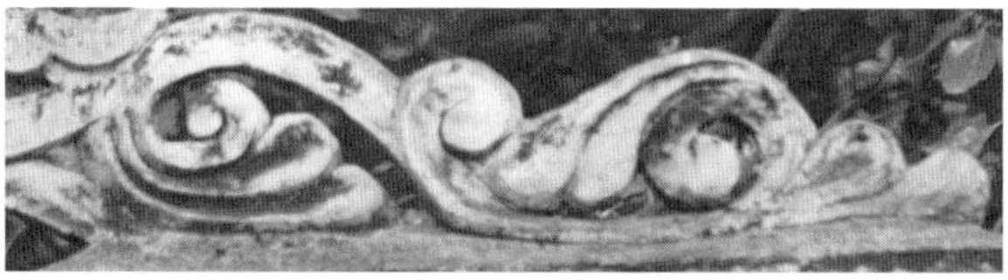

图2-1　正脊脊饰上的水纹（桂湖）

图2-2　正脊脊饰上的水纹（新繁东湖）

海水纹与山崖纹共同构成了海水江崖纹，俗称“江牙海水”或“海水江牙”，如望江楼公园桥拦板装饰上出现的海水江崖纹（图2-3）所示，象征着江河湖海、波涛汹涌、风生水起、祥云满天。在其中间一轮红日跃出海面（也可解红日东升、山峦起伏），祥瑞之气升腾而来，传达出富贵延绵、福山寿海、万世升平、江山永固的观念。

图2-3　海水江崖纹桥饰（望江楼公园）

2.1.2　云纹

云纹是川渝地区常见的传统装饰纹样，是古人描绘天上云彩的纹饰，最早可追溯到原始时期。《左传》有载：“黄帝氏以云纪官，故为云师而云名。”《周礼》有言曰：“（保章氏）以五云之物，辨吉凶水旱降丰荒之象。”自古人们便通过云来观察天象变化从而指导生产耕作，云象也是古人产生平和情绪和恐惧心态最主要的物候条件。云纹寄托了原始先民对风调雨顺的向往以及对幸福安康生活的追求。除此之外，云纹还被赋予了吉祥如意、天上人间等美好寓意，人们把“云”称为“祥云”，它是一种美好符号，但也是中国传统符号中的最佳配角，最佳的吉祥表达纽带，常为蝙蝠、龙凤、八仙、东海、紫霞、缥缈、瑶池等纹样配景，丰富画面要素，形成艺术构图，产生动态变化，形成的装饰符号代表着人们对于吉祥圆满、青云腾达、物候遂愿等美好愿望。

西蜀园林传统装饰符号中云纹造型和运用多种多样，千姿百态。有朵云纹、流云纹、叠云纹、如意云纹等类型，常作为组图纹，也有单独构图的情况，多出现在匾额、雀替、撑弓、挂落、桥面、地面、屋脊、阶梯等装饰上。

在段家大院的建筑雀替上出现了如意云纹（图2-4），如意云纹是一种充满吉祥圆满、升腾运达等寓意的典型纹样，充分展现了古代人民对幸福生活的期许无处不在。

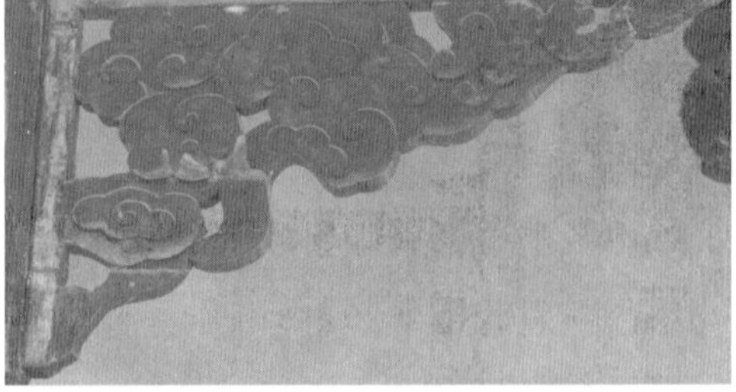

图2-4　如意云纹（段家大院）

元通古镇的广东会馆的匾额上出现了云纹（图2-5），匾额边框采用

图2-5　如意云纹（元通古镇广东会馆匾额）

二方连续骨式环绕一圈。云能造雨以滋润万物，给人们带来吉祥如意。另外，“云”与“运”谐音，含有运气、命运之意。云在中国人心中包含了吉利、幸福、高升、修养、好运等所有的吉祥内涵。因此，人们把云纹用作装饰符号来表达对吉祥圆满的所有向往。

云纹常作为组图纹与龙、凤等动物纹组合形成典型的建筑装饰符号。蝙蝠和云纹组合呈现在雀替之上（图2-6），传达出福运临门、福从天降、福自天来的美好寓意。图2-7所示的凤凰云纹呈现在陈家桅杆的桥头柱上。凤凰与云纹组合，传达出有凤来仪、富贵吉祥的愿望，这也可见中国传统的吉瑞动物的凌空表达，离不开不同美学形态云纹的艺术支撑和构图能力。

图2-6　蝙蝠云纹（新繁东湖）

图2-7　凤凰云纹（陈家桅杆）

2.1.3　冰裂纹

冰裂纹始于宋代的开片瓷，又称断纹瓷。冰裂纹美学欣赏来源于宋瓷的审美艺术，也是一种极简主义的审美意识，运用在建筑、园林装饰，极大地丰富了

这些空间的艺术氛围，拓展了建造技艺。冰裂纹开片纹理犹如冰面破裂、瓷器碎开，碎而统一，极富变化又不失规则。冰裂纹有纵、横走向，纵向裂纹较长，横向裂纹较短，层叠不断，呈现错综复杂的冰裂效果，具有强烈的立体感和画面分割效果。冰裂纹常被文人视作自己气质的象征，表达文人雅士高洁无暇、淡泊宁静的修养。

在西蜀园林中，冰裂纹多出现在门窗装饰、地面铺装、墙体处理等纹饰中。往往采用木质棂条、枯木枝条、灰塑棍条来仿照冰裂分散统一的独特又似曾相识的肌理，实现对比与调和的效果，布置在一定的形态中，冰象征着使用者高洁、冷峻和坚韧品质，纹样模拟冰面破裂形成的无规则且千变万化的形式，营造清雅别致的氛围（图2–8所示）。

图2–8　冰裂纹（罨画池）

2.2　植物纹样

2.2.1　牡丹

植物崇拜源于远古的自然威胁和自然依靠，后在人工培育中建立了更加紧密的文化依存关系，每一种植物都会有不同的精神象征，都承担了人们在生活、艺术、政治等方面的情怀寄托，也由此产生了中国十大名花。

牡丹，中国十大传统名花之首，花团锦簇，雍容华贵，常有“人中龙凤，花中牡丹”“国色天香”“姹紫嫣红”之称。作为“百花之王”的牡丹自古便受帝王、权贵、文人画家以及民间的推崇，被视为富贵、权力和财富的象征，可见地位之高。由此也从极佳的观赏价值转变为一种吉祥的精神符号，具备了很高的装饰审美与吉祥寓意。

西蜀园林传统装饰符号中的牡丹纹造型多样，有独枝牡丹、折枝牡丹、缠枝牡丹等形式，也常与其他吉祥纹样组合构图，多以写实的手法出现在脊刹、挂落、门饰和桥饰上。图2–9纹饰以盛开的牡丹为主体，以较小的花朵和枝叶来进行呼应，构图精美，层次分明雅致，象征富贵。凤戏牡丹纹样（图2–10）中的凤凰

图2-9　牡丹纹（元通古镇东入口牌坊）

图2-10　凤戏牡丹纹（罨画池）

立于牡丹枝干上，寓意富贵荣华。凤为百鸟之王，寓意高贵、喜庆。鸟王和花王相配，增添了艺术情趣与魅力，象征着锦绣幸福、富贵祥瑞之气，所以还多用于婚嫁纹饰、家具陈设之上。

2.2.2　菊花

菊花，又称“寿客”“女华”“日精”等，受历代名家采用和广大群众喜爱。古人认为菊花花瓣纤细，曲卷自然，包裹成团，整体晶莹剔透，又能清神益气，可欣赏，可食用，有一定的保健作用，被称为“长寿之花”。陶渊明的“采菊东篱下，悠然见南山”，使菊花成了隐逸田园的标志，更成为了文人表达云淡风轻、淡泊名利、傲骨风霜的象征。明贾如鲁的《爱菊论》写尽了菊花所有的美德，菊花不仅具有雍容雅淡、隐逸超然的象征意义，还代表着思乡之情。

西蜀园林传统装饰符号中的菊花纹为单一纹样使用，也有与其他动植物的组合构图形成单位纹样。菊花纹多出现于脊饰、瓦当滴水和门饰的装饰中。罨画池的门扇绦环板装饰符号上的菊花纹单独成纹成画（图2-11），姿态飘逸自由，对称均衡。菊花纹也常与牡丹纹、莲花纹等其他花卉纹样相组合，形成精致典雅的纹样，表达出人们对于吉祥富贵、美好长寿的殷切期盼。

图2-11　菊花纹（罨画池）

2.2.3 竹

西蜀之地竹类丰富，一直满足着人们生产生活和美学的需要，衣、食、住、行、赏都离不开竹子。“宁可食无肉，不可居无竹”，托物言志。竹不屈不折，独傲风霜的生理特质、物候对抗精神，被运用到对人的风骨气质的颂扬。竹也是传统园林、家庭庭院最常用的植物材料，是中国传统诗情画意的主要物像。竹的生长周期短，繁殖能力强，古人借竹寓意高风亮节、节节高升，传达出文人的坚韧之志。竹根盘根错节，繁密紧实，“竹根一家亲”，多用来祈愿子孙延绵。元通古镇的黄家大院门扇中用竹纹（图2–12）与梅纹、兰花纹、菊花纹相组合形成“梅、兰、竹、菊”的传统画面和寓意。

在民间习俗中，除夕之夜燃放爆竹辞旧岁，驱离邪祟野兽，以求避凶求吉、祈福安康。唐代以后，放爆竹的目的更多是祈求平安幸福、欢乐吉庆，因此竹纹也有报平安、节节高升的寓意。西蜀园林传统装饰符号中的竹纹一般多与其他纹样组合，采用中国传统山水、花鸟画的布局骨式进行诗意构图，如竹纹与松纹、石纹等组合（图2–13），竹有报平安之意，寿山石传达长寿之意，整体画面观赏价值高，并传达出福寿平安之意。

图2–12　竹纹
（元通古镇）

图2–13　竹纹
（陈家桅杆）

2.2.6 莲花纹

早在春秋战国时期莲花就作为纹饰用于日常生活和艺术表达中。南北朝时期，莲花被佛教奉为“圣花”，大量以写实的手法运用到宗教建筑和园林庭院装饰符号中，象征高雅、圣洁和光明。民间崇拜中莲花纹样因莲蓬多子，象征连绵不绝、多子多福，是生殖崇拜的象征。《诗经·郑风》载有“山有扶苏，隰有荷华”的诗句，“荷华”也指寓女性清洁纯美。“莲”与“廉”同音，又具备“出淤泥而不染”的生理特征，象征清正廉洁。

西蜀园林中的莲花纹运用极为广泛，在民居、宗教建筑、纪念建筑、园林中均有表达，往往与其他动植物纹样组合构图，形成花鸟画一样的唯美画面。莲花多出现于脊刹、正脊、挂落、撑弓、门扇、抱鼓石、桥梁以及家具陈设等装饰上。

鱼唆莲纹（鱼戏莲叶间）（图2–14）是民间常见纹饰。游鱼穿梭于水波莲茎之间，莲象征女性，鱼象征男性，两者结合象征男女结合、喜结连理。新繁东湖建筑脊刹上有莲蓬纹的出现（图2–15），“莲”又与“连”同音，故有“连生”和“多子”的寓意，以组图纹出现。图2–16中莲纹、鹭纹、芦苇纹和谐共生，因“鹭”与“路”“莲”与“连”“蝌”与“科”同音，谐音所指“一路连科”，传达了古人对通过科举一路凯歌、金榜题名、实现官爵俸禄的美好愿景。

图2–14　鱼唆莲纹（陈家桅杆）

图2–15　莲花纹（新繁东湖）

图2–16　一路连科纹（陈家桅杆）

2.2.7　梅花

梅花、兰草、菊花是中国传统文化语境中的“岁寒三友”，是“四君子”之一。梅花文化符号的提炼和运用源于秦汉时期，唐宋以来，梅花纹更受社会各阶层的广泛喜爱，是幸福美好、坚忍不拔的象征。梅开五瓣，被人们赋予了“福、禄、寿、喜、财”五福的吉祥内涵，又因自身生理特性，傲雪斗霜，香气宜人，又被人们视作高洁、自强和坚韧品质的象征。因此梅花纹与福、禄、寿、喜、财的纹案结合使用甚广，能代表不同的吉祥之意，极大地丰富了这些物源的所指，这也是中国人特有的托物言志、寄情于物的精神特性，是中国人哲理思想的物化。图2–17所示的梅花凌寒不惧，传达着古人对自强、坚韧品质的推崇。

图2–17　梅花纹（新繁东湖）

西蜀园林传统装饰符号中的梅花纹很少以单一纹样出现，常与其他动物或植物纹样组合构图形成单位纹样，也遵循中国传统绘画风格进行组合构图，多用于桥梁、脊刹、正脊、挂落、撑弓、门窗、家具等装饰中。西蜀园林中的运用比比皆是，与竹子等共同展示这些场所的人与物的精气神，常采用木雕、灰塑、石刻等技法进行表现。东湖公园中的桥板上“喜上眉梢”装饰图案（图2–18），“梅”与“眉”同音，喜鹊立于梅枝，喳喳叫鸣，传递喜庆之声，将自然界中人、物相和谐的氛围展现出来。

图2–18　喜上眉梢纹（新繁东湖卫公桥）

2.2.8 兰花

兰花，亦称兰、兰草，是我国传统花卉之一，象征君子及君子之交。《楚辞》提及古人有“纫秋兰以为佩”的习惯。古人视兰花有辟不详之用，因《本草经》有“兰草主杀虫毒，辟不详，久服轻身不老”的记载。魏晋时期，兰花纹开始流行，宋朝时，文人士大夫因兰花清高、隐逸山林的特点将其视为君子的象征。由于其冰清玉洁、幽香弥漫的特质，往往使用“蕙质兰心”来形容女子的才情和容颜。明清时期，兰花纹作为一种高雅的装饰纹样被大量运用于家庭、古典园林中，以木雕、砖雕、石雕、绘画等形式体现在门窗、家具、室内陈设等方面。西蜀园林传统装饰符号中的兰花纹一般与其他纹饰组合的形式出现，多见于柱饰、门扇、栏杆等结构装饰上。图2-19中的蝴蝶兰花纹出现在陈家桅杆的桥头柱上，蝴蝶飞舞于兰花丛间，兰花有避不祥之意，故此组装饰符号传达了对太平盛世、幸福美好生活的期望。

图2-19 兰花纹
（陈家桅杆）

2.2.9 松树

松树姿态招展，不为强寒而翠绿长青，体现了人格化的坚韧挺拔、热情好客的特质。文人墨客对其情有独钟，常以此自比逆境艰难中的坚韧与不屈，与竹、梅是中国传统耕读传家教育中的最佳题材。松树象征“忠贞”“君子”“高风亮节”“长寿”。松树树龄长久，经冬不凋，在道教的生态文化中代表长生不老，而世俗百姓也多以松纹传达对长寿永固的期许。西蜀园林传统装饰符号中的松树纹一般与蝙蝠、鹿、仙鹤纹样组合构成符号，组成松鹤长春、书禄、福寿等装饰符号，多出现于正脊、雀替、灰塑、柱饰和抱鼓石上。图2-20为陈家桅杆的桥柱上的蝙蝠松树纹，青松挺拔，蝙蝠天而降。青松挺拔是旺盛生命力的象征，蝙蝠携富贵从天而降，谐音传意“福从天降”，两者组合表达了古人对长寿与幸福生活的美好期盼。新繁东湖的雀替上有松鹿纹，主纹饰青松苍劲挺立，福鹿

图2-20 福寿纹

仰而站立。松为古树，“古树”谐音传意“古书”，松鹿的纹样符号题材是无字的劝勉，劝诫世人好好读书，以期获得功禄之名，好支撑家族繁荣发展。

2.2.10　葡萄

葡萄种植最初由西域传入中原，《齐民要术》曰：“汉武帝使张骞到大宛，取葡萄实，如离宫别馆旁尽种之。”葡萄作为装饰纹样最早见于东汉，到了唐代，葡萄因其“瑞相”而成“瑞果”，常作为传达富贵长寿、硕果累累的寓意。与“瑞兽”相组配，出现了许多瑞兽搭配葡萄纹的经典组合纹样。到了明代，因葡萄“伸屈以时”的特性，故比附君子做人、为官应有的品德修养。清代的葡萄则因“多籽”被人们寄予“多子多福”的美好期望。

西蜀园林传统装饰符号中的葡萄纹一般独立成符或是与其他动物、神兽组合构图，多出现于戗脊、正脊、撑弓和门饰上。元通古镇雁江桥头的飞檐由灰塑而制成的葡萄纹装饰符号（图2-21），葡萄蔓延的枝条和丰硕的果实象征着富贵安定、吉祥长寿。当葡萄纹与鼠纹组合构图时（图2-22），有“五鼠戏葡萄”之典型纹样。葡萄成串结实，代表“多”，以鼠喻子，象征丰收，鼠在中国传统的十二时辰中对应子时也传达招财之意，因此两者组合传达出子孙满堂、丰收满仓、财运亨通之意。

图2-21　葡萄纹（元通古镇雁江桥头飞檐）

图2-22　葡萄纹（段家大院）

2.2.11　石榴

石榴原产于伊朗地区，最早见于晋代陆机《与弟云书》：“张骞使外，得涂

林安石榴也。”魏晋南北朝时期，石榴有花有果，与佛家讲究的德行圆满、修成正果的因果关系相互印证，故石榴纹多用于佛教图案，被誉为“吉祥果”。民间石榴象征着爱情与长寿，新人结婚时，常把两株石榴种在一起（图2-23），意为“永结连理，多子多福”。重阳节也会向老人敬献石榴祝寿。

图2-23　石榴纹（新繁东湖）

西蜀园林传统装饰符号中的石榴纹按其特征可分为单独纹样和组合纹样，多出现于挂落、撑弓和门饰上。

2.2.12　桃

桃在中国传统文化中是长寿所指，桃的形态形成了比较固化的识别意象，如“蟠桃”寓意福如东海，寿比南山。桃因能开花结果，且似女阴，继而发展为女性的象征。两汉时期，桃原有的生育文化特质，与神话中西王母的“母性”特征联系起来。在道家文化长生不老修仙修道的思想影响下，桃也成了长生文化的代表符号之一（图2-24）。

图2-24　桃纹（罨画池）

西蜀园林传统装饰符号中的桃纹常单独出现，或以辅助纹饰的形态与其他纹饰组合出现，多见于匾额、挂落和门窗之上。

2.2.13　佛手

因“佛”与“福”音似，外形似佛手之形，故古代多以谐音传意的方式表达“多福”的寓意，结合佛法无边，保护黎民百姓平安的仁心将佛手纹样与其他吉祥纹的组合来传达“多福”的吉祥观（图2-25）。

图2-25　佛手纹（新繁东湖）

2.3 动物纹样

2.3.1 龙

龙是中国特有的一种的幻想类精神符号，是先民基于自然崇拜和政治领悟而假想的图腾类型神话动物。这种物态化又充满哲理性的龙，神通广大，呼风唤雨，完全可以主宰世界上的一切，象征着大自然变幻莫测的神异威严，所以龙既成了主宰万物的“天威”标记，也成了万物有利的吉祥符号，但这都来源于人们对其的无上尊重和行使其庄严的礼仪。龙生九子，九子又以不同的姿态形式、不同阶层的理制礼仪承担不同的建筑结构和功能以及精神寓意。

《史记·高祖本纪》中说，高祖母“尝息大泽之陂，梦与神遇。是时雷电晦冥，太公往视，则见蛟龙于其上。已而有身，遂产高祖”。古代君王自命上天所派，是主宰万物的真龙天子，遂以龙子身份树立其掌控万物的“天威”和至高无上的权利。五爪真龙也就成了皇家建筑的专利图纹。帝王之下，龙在民间是一种祥瑞符号，寄托着人们对美好生活的向往和对风调雨顺、庆丰年的期盼。西蜀园林中的龙纹大多为草龙和戏珠龙。为避僭越之嫌，大多为四爪龙或三爪龙。

西蜀园林传统装饰符号中以龙纹为主体的纹样有草龙纹、水龙纹、拐子龙纹、双龙戏珠纹等，有以主纹使用，亦有以组图纹使用，多出现在脊刹、脊饰、挂落、雀替或撑弓之上，由于民间使用，组合图案和造型基本都在弱化龙的意象，突出所指即可。

陈家桅杆的草龙纹木雕（图2-26）中草龙的头部是龙的形象，身躯、尾、爪都被刻画成卷草缠枝样式。草龙形象优美，寻常百姓家，少了威严，多了和谐亲

图2-26　草龙纹木雕（陈家桅杆）

切之感，既能显示出龙的精神与气势，又有卷草的飘逸柔顺之姿，富有动感，装饰意味更加浓厚。

水龙纹常见于建筑正脊两端的脊饰（图2-27）。脊兽装饰，以水性灵物寓意镇宅辟火。龙本源于水相，以水龙纹样的灰塑置于正脊两端，表达了水龙压火，保建筑长久平安的希望。

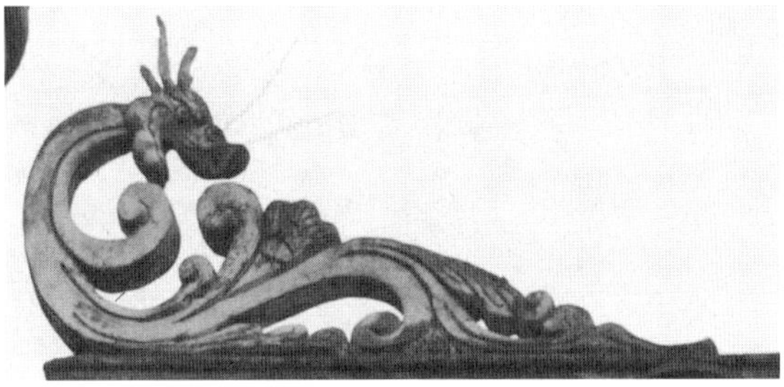
图2-27　水龙纹灰塑（元通古镇芳洲牌坊）

戏珠龙纹大多刻画于匾额或屏门裙板之上。西蜀园林建筑中“双龙戏珠”纹样甚多，但其寓意却因雕刻场景略有不同。图2-28中出现在“皇恩祖德”匾额上的“二龙戏珠”，其中龙纹为云龙纹，象征着皇家的权威，一般运用在皇家建筑上，借双龙戏珠庆丰年、祈福气、谢龙恩的寓意；龙纹配合上“皇恩祖德”四字，以“云龙纹”对应“皇恩”不显逾制，叩谢皇恩，感激祖上积德，同时又借皇家纹样彰显宅主人的地位与权势。

图2-28　戏珠龙纹木雕（陈家桅杆）

图2-29中的双龙戏珠是陈家桅杆的门扇绦环板装饰图案，其中双龙一大一小，视为雌雄之辨。“珠”视为卵，卵是生命之源，龙珠即龙卵；雌雄双龙戏珠象征着对生命的呵护、爱抚和尊重，体现了古人的生命意识。蜀地古人在吸纳外来符号纹饰的基础上亦有组合创新。在陈家桅杆中的挂落上出现了草龙戏珠纹样

图2-29　戏珠龙纹木雕（陈家桅杆）

（图2-30），将草龙的飘逸柔顺之姿与双龙戏珠一派祥和的意境寓意结合，以更为自然动感的艺术形态表现主人对美好生活的向往和营造祥瑞笼罩的氛围。

图2-30　草龙戏珠纹木雕（陈家桅杆）

2.3.2　凤凰

凤凰是中国古代传说中的神鸟，雄为凤，雌为凰，通称“凤凰”或“凤”，是古代先民以想象与现实生活相结合所成的具有图腾崇拜的形象。随着朝代的更迭，凤纹逐渐从图腾符号演变为吉祥符号，是历代帝王治世成功、王道将兴的标志，是苦尽甘来的象征，是吉祥的征兆、祥瑞的感应。

《说文解字》曾载，凤“出于东方君子之国，翱翔四海之外，过昆仑，饮砥柱，濯羽弱水，莫（暮）宿风（丹）穴，见则天下大安宁”。凤为百鸟之长，羽虫之尊，群鸟相随，凤的出现预示天下太平、吉祥如意。此外，古代统治者还将凤喻为皇后，象征高贵、庄严、母仪天下；在民间，凤凰还是纯洁、幸福和爱情的象征。

西蜀园林传统装饰符号中的凤纹有单独成符的，也有凤与其他神兽或植物的组合构图，多出现于建筑脊刹、门窗、雀替、家具陈设、挂落柱饰上。图案造型优美，线条流畅，色彩富丽堂皇。符号寓意富贵理序，灵动祥和。

陈家桅杆中的凤纹雀替（图2-31）形态高雅美丽，凤的头部仍是凤的形象，

图2-31　凤纹雀替（陈家桅杆）

其身逐渐向卷草形转变，与卷草纹和挂落骨架巧妙穿插集合，融为一体，整体形象和谐统一，优雅飘逸，鎏金卷尾随风舞动，充满灵气，动感且有韵味。

陈家桅杆中的桥头柱上雕刻有丹凤朝阳的纹饰（图2–32），源自《诗经》中的“凤凰鸣矣，于彼高冈。梧桐生矣，于彼朝阳”，凤凰停在高高的山冈上，面向东方朝阳放声鸣叫，唱响乾坤，有朝阳升起，阴晦散去，必将万事大吉。蕴含贤才逢明时，诸事遇良辰美景之意。

《宋书·符瑞志》描写凤凰：“蛇头燕颔，龟背鳖腹，鹤颈鸡喙，鸿前鱼尾，青首骈翼，鹭立而鸳鸯思。”凤凰集众动物大成之美，是象征和平与幸福的瑞鸟。《旧唐书·郑肃传》载“天瑞有五色祥云”，云纹同样也是祥瑞的征兆。

陈家桅杆中桥体上的凤凰云纹柱饰（图2–33）正是凤凰与云纹的组合符号，凡祥云瑞气，有凤来仪，必有富贵吉祥的降临。

图2–32　丹凤朝阳纹柱饰
（陈家桅杆）

图2–33　凤凰云纹柱饰
（陈家桅杆）

图2–34的凤穿牡丹纹矗立在元通古镇黄家宗祠的脊刹之上。凤为百鸟之王，寓意高贵、喜庆；牡丹为百花之王，寓意富贵荣华。中国民间经常把凤凰和牡丹为主体的纹样称为“凤穿牡丹”“凤喜牡丹”“牡丹引凤”等，凤凰和牡丹的组合寓意美好、光明和高贵，表达了人们追求幸福生活的美好愿望。

《左传·庄公二十二年》载“凤凰雌雄共飞，相和而鸣，锵锵然”，常以“凤凰于飞”“鸾凤和鸣”来喻夫妻二人甜蜜恩爱、幸福和谐，如新繁东湖建筑

屋顶的凤凰莲纹脊刹（图2-35）所示，凤凰相伴相依，“莲”与“连”同音，莲蓬多子，故有“连生”“多子”的寓意。凤凰和莲纹的组合传达了人们希望夫妻恩爱、子孙兴旺的寓意。

图2-34　凤穿牡丹纹脊刹
（元通古镇黄家宗祠）

图2-35　凤凰莲纹脊刹（新繁东湖）

2.3.3　麒麟

麒麟是中国古代神话传说中自创的瑞兽，《礼记·礼运第九》中描述“麟、凤、龟、龙，谓之四灵”，是仁厚、祥瑞、太平的图腾象征。汉许慎在《说文解字》中解释：“麒，仁兽也，麋身牛尾一角；麐（麟），牝麒也。”可知麒麟性情温和，被称为仁兽。麒麟分雄雌，雄为麒，雌为麟。“深山藏虎豹，平原埋麒麟”，在皇家文化中麒麟通常会与帝王的兴衰联系在一起，帝王品德至仁时，它才会出现，说明此时国泰民安，百姓安居乐业。麒麟在民间则多用于表达子嗣兴旺，也象征贤才云集、文化兴盛。

西蜀园林传统装饰符号中麒麟纹多出现在建筑墙面、屋脊和柱头等装饰上，以石雕、砖雕、木雕、绘画和灰塑呈现居多。纹样少有单一纹样，多以组合纹样为主，表现较多的包括麒麟吐书、麟凤呈祥等，往往与祥云结合使用。陈家桅杆内庭的石桥柱头雕刻了麟凤呈祥纹（图2-36），将麒麟、凤凰、祥云集中表达，呈现出祥瑞之气云绕，画面动态、要素布局在对比中达到了协

图2-36　麟凤呈祥纹柱饰
（陈家桅杆）

调，雕刻效果呼之欲出。《吴越春秋》中记载："禹养万民，凤凰栖与树，麒麟步于庭。"麟为仁兽，蹄不踏青草和昆虫；凤为祥禽，凤凰双飞，贤士齐集。人们将麟、凤同出视为天下太平的象征。晋王嘉《拾遗记》曾载:"夫子（孔子）未生时，有麟吐玉书于阙里人家。"孔子出生前，麒麟降临口吐玉书，故而贤者降生。麟吐玉书，后用来泛指一切瑞兆。麒麟吐玉书纹样（图2-37）常用以表达对子嗣成才的希望，图形辅以祥云，意为吉祥之兆酝酿，不久降临人间。

图2-37　麒麟吐书纹（元通古镇的广东会馆）

2.3.4　狮

《瀛涯胜览》记载："狮子形如虎，黑黄无斑，头大口阔，尾尖毛多，黑长如缨，声吼如雷，诸兽见之，伏不敢起，乃兽中之王也。"狮子高大威武之形象被古人当作权利和威严的象征，且认为可以驱邪禳灾。在佛教中，狮子作为智慧的化身，象征辟邪与吉利。古汉语中"狮"与"师"同音通假，常借狮喻师，以祝愿官运亨通、仕途顺利、事事如意。在民间，狮子滚绣球、大狮小狮同嬉戏等纹样传达了人们对财源不断、喜事绵绵、子嗣兴旺的美好期许。其符号往往采用写实加省略的形法进行创意，与祥云、水云纹、缠枝纹等交错构图，体现了极强的节奏和韵律，画面完整灵透、生动活泼。常以灰塑、砖雕、木雕等方式居多，并辅以金饰。

雌雄二狮相戏（图2-38），纠缠在一起，滚成毛球，小狮子从球中而出，这就是抛"绣球"的来历。这种原始的生殖崇拜，传达了生生不息、家族兴旺之意识。三狮戏球纹（图2-39）常见于各类雕刻上，三狮戏球，谐音"三世戏酒"，古有云"能戏酒者必富"，三狮戏球纹传达了古人对家族世代富裕、吉祥幸福的期许。五只狮子戏球玩闹（图2-40），"狮"与"世"同音，辅以绸带、如意、佛手、书帛等纹样，象征着子嗣昌盛、官运亨通、吉祥如意和幸福美满的意思。

图2-38　双狮戏球纹（新繁东湖）

图2-39　三狮戏球纹木雕（陈家桅杆）

图2-40　五狮福禄纹浮雕（元通古镇广东会馆）

2.3.5　蝙蝠

蝙蝠由于其“福”字谐音之妙，其形态多呈降临态势，因此成为中国最典型的福降之吉祥纹样，是“福”文化之典型物源，代表了吉祥、幸福即将降临。“蝙蝠”谐音所指“变福、遍福”，表达了人们对幸福生活的热切渴望和美好追求。其符号运用极其广泛，表现多元丰富。在建筑屋脊、中花、照壁、悬鱼、地面、门窗、家具陈设等方面运用最多，多以灰塑、砖雕、石雕等方式呈现，蝙蝠纹大多采用省略法，勾勒识别性极强的外形即可，再与其他吉祥纹样进行重构。

西蜀园林装饰符号中的蝙蝠纹运用常与铜钱、吉祥文字、花草、人物、祥云等组合构图，也有作为组图纹存在，如表现4只、5只等图案。图2-41中的蝙蝠铜

图2-41　蝙蝠铜钱纹脊刹（陈家桅杆）

钱纹，蝙蝠倒挂，意为“福到”“福从天降”，铜钱中的“钱”与“前”同音，有“眼前”之意。蝙蝠降临，口衔翼挂，可谓喜从天降，福到眼前，表达了人们对钱财富贵的追求愿望的强烈程度。

陈家桅杆很多建筑撑弓上有纳蝠迎祥纹（图2-42），纹样中人物左手接纳蝙蝠，右手指引入缸里，符号传达了纳福迎祥、万福临门的美好寓意。五福团寿纹脊刹（图2-43）中的“寿”字居正中，五只蝙蝠围绕其周。《尚书·洪范》有解：“五福，一曰寿，二曰福，三曰康宁，四曰攸好德，五曰考终命”。蝙蝠纹与寿纹组合显示了福寿临门的愿景。福文化揭示了古时候人们在自然条件不佳、生产力低下、人事不兴、寿命短暂、仕途迷茫、灾难贫苦等状态下的一种虚幻情节，涵盖了生命的所有，故能乐此不疲地对其寄予厚望，这也表达了中国人特有的一种精神世界，也是传统装饰文化能传承的基因之一。

图2-42　纳蝠迎祥纹（陈家桅杆）

图2-43　五福团寿纹（陈家桅杆）

2.3.6 仙鹤

鹤纹源于古人向往空中自由自在生活而产生的对鸟类的崇拜情结，如凤凰、喜鹊、锦鸡、孔雀、鹤、金乌等。仙鹤立于鸡群，亭亭玉立，白羽翩翩，其仙风道骨的形象更与道家思想意境相同，是仙人往返仙界凡间的乘骑，谓之“仙鹤”，备受敬畏和宠爱。仙鹤又称为“一品鸟”，其地位仅次于凤凰，既象征一品大员得以高官厚禄，又有清正廉洁、气节高坚的修养，也含喻得道长寿，如梅妻鹤子、鹤鸣九皋、鹤鹿同春、鹤发童颜、风声鹤唳、一琴一鹤、龟年鹤寿等成语均为借其身形，所指良寓。其形象往往与松柏、鹿、祥云、乌龟、花草等物组成纹，所指长寿可返老还童、琴瑟和鸣，双鹤齐飞和双鹤共舞则象征爱情和美、家庭美满。采用写实手法，进行精简省略，雕工深入，质感细腻，也是中国最传统的室内装饰画面之一，以绘画、石刻、木雕、灰塑之法居多。

西蜀园林传统装饰符号中的鹤纹多出现于脊刹、正脊、抱鼓石和门窗、隔扇之上，神韵一体，仙气飘然。仙鹤所指一品，为封建王朝官员最高等级，借喻人臣之极。“一品当朝”符号利用“潮”与“朝”谐音寓意当朝之官。陈家桅杆中的一品当朝纹（图2-44）见于其正大门桅杆上的抱鼓石，纹样中仙鹤孤立于海洋浪潮中，红日初升，祥气笼罩，画面圆满。鹤也是爱情姻缘美满长久的象征，寓意“比翼鸟”。双鹤齐飞纹抱鼓石（图2-45）生动地雕刻了仙鹤在云松朝阳之间成对飞舞的画面，仙气飘然，祥瑞和美，比喻婚姻幸福和长久相伴。鹤与松为伴，寓为“松鹤延年，吉祥长青”。

图2-44　一品当朝纹
（陈家桅杆抱鼓石）

图2-45　双鹤齐飞纹
（陈家桅杆抱鼓石）

2.3.7 猴

猴之形态表情、动作智能等最接近人类，其性格活泼可爱、生动可趣。人们借“猴”与“侯”同音之便，传达人对功名利禄、为仕侯爵追求之目的。在传统家庭寒窗苦读为考取功名，公奉朝堂，以获得世代锦绣、荣华富贵。该类纹样多彩，组合多变，构图完整，画面丰富，多与松、石、水、蜂和仕途物件相结合，采用石雕、砖雕工艺形式居多。

西蜀园林传统装饰符号中猴纹常与其他动物纹饰和植物纹饰组合呈现，多出现在抱鼓石上。陈家桅杆挂印封侯抱鼓石（图2–46）上刻画着猴子攀松树摘取挂印、蜜蜂从旁而伴的画面。“猴”与“侯”同音，是加官晋爵的象征，印绶是官吏的印章，“蜂”与“封”同音，寓意封赏，表达古人对于身进高位、加官封侯的美好追求。与之相类似的还有“马上封侯”“拜将封侯”“王侯将相”“封侯挂印”等纹饰（图2–47）。

图2–46　世代封侯纹
（陈家桅杆抱鼓石）

图2–47　封侯挂印纹
（陈家桅杆抱鼓石）

2.3.8 鱼

鱼纹符号最早见于新石器时代陶器装饰中，是人类最早识别的吉祥符号之一，代表了劳动人民祈求幸福安康、实现生活富足的理想所指。鱼多子，生殖力繁盛，故具有多子、有余的象征意义，因此鱼纹被人们视作繁衍兴旺、富足有余的象征符号。《乐府古题要解》说：“江南古辞，盖美芳晨丽景，嬉游得时。”男女情深恰如鱼与水的关系，因此鱼也是夫妻恩爱、生活幸福的象征，鱼唼莲纹就传达了人们对婚姻幸福美满、鱼水情深的向往。该类符号民居使用居多，出现在建筑悬鱼、门窗、挂落、桥梁、家具、地面、年画、家具物件中，配以莲花、水波、如意结、缠枝纹、胖小孩等，以木雕、砖雕、石雕、灰塑、绘画形式展示，以组合纹样为主。

西蜀园林传统装饰符号中的鱼纹，有单独出现的，也有与水、莲同时出现的，追求图案的写实效果，注重画面构图和意境。鱼纹往往色彩丰富，刻画精准，质感逼真。“鱼”与“玉”谐音，“金鱼”可示“金玉”，所以金鱼纹（图2–48）构图对称均匀，写实求真，常被视作金玉满堂的象征，传达了人们对财源滚滚、幸福生活的向往。“鱼”与“余”谐音，寓意年年有余、富贵连年、连年有余。鱼为水中物，象征水，中国传统木结构房屋怕火，当鱼的纹样含鸱吻鱼纹、龙纹等出现在屋顶装饰时寄托了人们希望以水克火、保建筑平安的愿望。此外，还有象征平安、廉洁寓意的悬鱼纹饰（图2–49）。

图2–48　金鱼戏水纹

图2–49　纹悬鱼

2.3.9　喜鹊

喜鹊自古深受人们喜爱，在中国人文化象征中是好运和喜庆欢乐的象征，代表喜庆之事、喜庆之物。喜鹊因常雌雄同居，共筑爱巢的特性，使人联想到结婚、生子等喜事，所以常被作为夫妻和睦、一派喜气洋洋的象征，鹊巢更是被视作家庭的象征。西蜀园林传统装饰符号中的喜鹊纹与梅花纹组合构图，多出现于正脊、挂落、柱饰、床榻和门饰上，不同的形态运用在长条形的空间，画面灵活，对比强烈而协调丰富，不仅用于建筑装饰中，在绘画中也是典型题材。装饰和绘画的主题和布局也有异曲同工之妙。

喜上眉梢是中国传统吉祥纹样，因“梅”与“眉”同音，故谐音传意，表达了人们对喜事来临、喜从天降的期望。《开元天宝遗事》载有：“时人之家，闻鹊声皆以为喜兆，故谓喜鹊报喜。”中国民间多以喜鹊喻喜庆之事。普遍的民居建筑尤其是新落成的房屋正脊上多采用这一类装饰（图2–50），两只喜鹊纹样谐音传意双喜（图2–51），是民间常见的吉祥纹样，寓意双喜临门、好事成双。

图2–51 双喜临门正脊（陈家桅杆）

图2–50 喜上梅梢正脊（陈家桅杆）

2.3.10 鹿

鹿纹早在仰韶时期便已出现，东汉许慎在《说文解字》记载：“鹿，兽也，象头角四足之形。”《纹异记》中记载：“鹿千岁为苍，又五百岁为白，又五百岁为玄，玄鹿骨亦黑，为脯食之，可长生之。”鹿自古就被人们视为瑞兽，是祥瑞长寿之兆。再者“鹿”与“禄”同音，被视作功名利禄的象征，鹿和猴、鹤、龙等吉祥物一样，具有多元化的吉祥之意，能综合传达不同阶层人们的不同愿望。因此其图案也具备了多种要素，常常与松柏、鹤、蝙蝠、祥云、儿童、神仙、书卷等组合，采用灰塑、砖雕、镶花、绘画等工艺技法进行表现，立体画面强，寓意深刻。

西蜀园林装饰符号中的鹿纹常与动植物纹样组合，多出现在宗教建筑和民居的脊刹、撑弓和雀替等位置。

鹿常用与松柏结合表达象征长寿、延年益寿（图2–52），松鹿纹中“树”与“书”谐音，“古树”谐音传意“古书”，劝诫众人好好读书，取得功名利禄。图2–53中鹿悠然站于树下，空中白鹤振翅呼应。鹿鹤同春谐音传意“六合同春”，“六合”是指天、地和东、南、西、北四方，象征普天和谐，天下太平，国泰民安。

雌鹿低头衔草，雄鹿回首看（图2–54），山间瑞云，双鹿相伴象征着夫妻和睦，家庭祥和。图2–55的主纹为鹿纹，蝙蝠和绶带鸟为组图纹。“鹿”与“禄”同音，蝠与“福”同音，绶与“寿”同音，传达了人们渴望幸福、渴望功名、渴望长寿的吉祥观。

图2–52　松鹿纹灰塑
（新繁东湖）

图2–53　鹿合同春纹脊刹
（元通古镇黄家大院）

图2–54　双鹿纹
（元通古镇广东会馆）

图2–55　福禄寿纹
（桂湖）

2.3.11　鸱吻

鸱吻，传说是龙的第九子，形象为多卷尾龙头鱼身，形象凶恶，桀骜不驯，尾翼高翘，长口怒含，动态强烈，好吐水吞火。因为中国古建筑多为木质结构，火灾是建筑最大的威胁之一。所以将鸱吻（图2–56）作为装饰符号安置固定在建筑正脊两端，插剑永固，以保障人们长久避火灾，永远保平安。主要采用灰塑刻画、琉璃预制、砖材预制等手法进行表达。在西蜀园林的表达中，鸱吻作为主图纹，除了自身的身型和纹理之美，还融入其他类型的吉祥纹样符号，丰富整体的艺术形态，体现了不守陈规、不拘一格及寓意多元的表达特点。陈家桅杆的寿字纹鸱吻（图2-57），是寿字纹与鸱吻的结合典范，团寿的线条环绕不断，直至屋脊，寓意生命绵延不断，延年益寿、长久平安。不仅是对防火避灾、水源不断的期盼，也巧妙展现了吉祥连续的图意。《辞海》载：“‘卍’即万字纹，是古代的一种符咒、护符或宗教标志。”后来演化为无限循环、辟邪趋吉以及吉祥如意的含义。万字纹与鸱吻相结合，图形更丰富，造型更艺术，展示了中国匠人的造型天赋和强烈的符号指代能力。该类造型，曲折结合，宽细相间，实现了对比与调和的美学原理，风格与正脊一致，增强了屋脊的完整性和统一性，具备极强的欣赏价值。动态的图形，夸张的造型，完美的艺术造型，明确地将防火安全、祥瑞连绵的心理暗示展现得一览无余（图2-58）。

图2-56　鸱吻（陈家桅杆）

图2-57　寿字鸱吻（陈家桅杆）

图2-58　万字纹鸱吻（陈家桅杆）

2.3.12　马

马与古人的生活息息相关，是满足农业生产、娱乐活动、贸易往来、交通运输和战争行为的重要工具，在中华民族中具有崇高地位。其风驰电掣、一骑绝尘、矫健优雅的形象，也是诗人、画家等深情描述的主要对象。马是一种精神和文化的象征，具备良好寓意和象征，彰显自强不息和勇往直前的精神，如“马到功成”“一马当先”“马首是瞻”“龙马精神”等成语均体现了这一内涵。唐太宗的“昭陵六骏”石刻图像更是强烈、忠贞、勇敢、亲密的代表，这使得马的精神地位达到高峰。

《易经·乾卦》有言：“乾为马”，是刚健、明亮、热烈、高昂、升腾、饱满、昌盛、发达的形象代表，古人常用“千里马”指代人才，是能人、圣贤和人才的代名词。西蜀园林传统装饰符号中的马纹常与其他动植物纹样同幅构图，采用木雕、石刻形式，多见于建筑撑弓和抱鼓石上。图2-59“马上封侯”将马、蜜蜂与猴的纹样进行组合表达，传达将相富贵之寓意。图2-60的松梅骏马纹样展示了骏马奔驰在峰峦间，神采俊逸，身姿矫健，与松、梅组合，象征不畏险阻、一往直前的强者气势。

图2-59　马上封侯纹
（陈家桅杆抱鼓石）

图2-60　松梅骏马纹（新繁东湖）

2.3.13　虎

虎一直处于自然界中食物链的顶端，是自然界中的强者，被誉为“山林之王”。虎体形庞大，斑纹独特，凶猛异常，常常虎啸山林，人类难以征服，谈虎色变。《风俗演义》有载：“虎者，阳物，百兽之长也。能执搏挫锐，噬食鬼魅。”虎纹成为装饰符号源自旧石器时代，至青铜时代已是威严权利、驱凶辟邪的象征，更追求纹样艺术性和构图的严谨性。后多出现在官服、绘画、年画、旌旗、虎符之中，由于其凶猛形象，在民居建筑、园林庭院之中的装饰运用较少。一些家庭中堂喜好悬挂猛虎下山图画，希望为宅院辟邪驱鬼，镇宅避凶，也体现主人的王者之气。一些地区也有给小孩穿虎头鞋、戴虎头帽之风俗，希望孩子百无禁忌，胆大勇猛。

西蜀园林传统装饰符号中虎纹在建筑、园林中的装饰运用较少，常以下山虎、卧虎、奔虎的形态出现，也会与其他吉祥纹样组合构图，多出现在木雕装饰上（图2-61）。

图2-61 猛虎逐鹿纹木雕（陈家桅杆）

2.3.14 鸳鸯

鸳鸯纹在民间的使用极为广泛。晋朝崔豹《古今注·鸟兽》中说道："鸳鸯，水鸟，凫类也。雌雄未尝相离，人得其一，则一思而死，故曰匹鸟""鸳鸯，匹鸟也"，西汉司马相如《琴歌二首》"何缘交颈为鸳鸯，胡颉颃兮共翱翔"。唐卢照邻《长安古意》"愿作鸳鸯不羡仙"，温庭筠《南歌子》词："不如从嫁与，作鸳鸯。"。鸳鸯是水鸟，雌雄形影不离，对爱情忠贞专一，古人称其为"匹鸟"。雄为鸳，雌为鸯，外表色彩艳丽，在水中成双成对欢戏出现，常视作喜结良缘的吉祥物，恋人能佳偶天成，夫妻恩爱，兄弟和睦，朋友志同道合，贤者云集，象征事物成双成对，比喻最美好的事物。

西蜀园林和川西民居传统装饰符号中鸳鸯纹常与莲花、池水等纹样组合，多出现在厅堂挂落、床榻、桌椅、绘画等装饰上，以木雕居多。图2-62桂湖挂落上的鸳鸯戏水纹样，鸳鸯戏水于莲池中，举止亲昵，含情脉脉，展现了喜结良缘、家庭和睦的美好画面。

图2-62 鸳鸯戏水纹（桂湖）

2.3.15 蝴蝶

蝴蝶在中国传统文化中是高雅、福气、恩爱等文化的代表。蝴蝶是最美丽的昆虫，被人们誉为“会飞的花朵”“虫国的佳丽”，以其轻盈的舞姿，缤纷斑斓的色彩，吉祥的谐音，独有的魅力为人们所喜爱。

蝴蝶对爱情忠诚不渝，萧纲有《咏蛱蝶》云：“复此从风蝶，双双花上飞。寄语相知者，同心终莫违。”梁祝化蝶故事广为流传，借蝶言情，寄托对美好爱情的追求。庄周梦蝶则体现了“物我两忘”和“万物皆一”的人生境界，以梦蝶来寄托对自由的追求。蝴蝶与“福迭”谐音，寓意福气源源不断，年年长久。蝴蝶的“蝶”谐音“耋”，《尔雅·释言》有载“八十为耋”。耋有高寿之意，故蝴蝶纹也有长寿的象征指代。

蝴蝶纹在西蜀园林、民居、服饰、家具、头饰、器物等方面的装饰使用较多，既有单独纹样，也有与动植物、祥云等组合成纹，蝴蝶与兰花纹组合呈现，则传达了人们对太平盛世和幸福美好生活的期望；与瓜组合，比拟瓜迭绵绵。在滴水上常出现的蝴蝶纹（图2-63）。“蝴”与“福”谐音，寄托了人们盼望福在眼前，福运常降临、福气满满的愿景。

图2-63　蝴蝶纹瓦当（段家大院）

2.3.16 椒图

龙生九子，子子形态不同，寓意有别，使用讲究。赑屃（bì xì）、螭吻（chī wěn）、蒲牢（pú láo）、蚣蝮（gōng fù）、狴犴（bì àn）、饕餮（tāo tiè）、睚眦（yá zì）、狻猊（suān ní）、椒图（jiāo tú）。椒图是龙的第九子。《后汉书·礼仪志》有载:“殷人水德，以螺首，慎其闭塞，使如螺也，故以螺著门户。则椒图之似螺蚌形，信矣。”椒图形如螺蚌，螺蚌遇外物干扰侵犯，将壳口紧合，坚守门户，故而人们借鉴其形，综合猛兽如龙、狮虎之形象，通过写实形法，创造出典型图案，将其纹样装饰在大门上，以求保护家宅人丁平安。多以铁质、铜质辅首形式表达，也有瓦当滴水、绘画张贴形式。

川西民居、园林庭院、庙宇殿堂等门户的传统装饰常用椒图纹，一般单独成符，使用金属、石质进行表达，多出现在大门辅首和抱鼓石上，成为中国传统门户最主要的装饰形制。图2-64为水磨古镇禅寿老街苑门辅首，兽面怒目圆睁，牙齿暴露，口内衔着大环。人们将其装饰在大门上，用以象征坚固和安全，且传达了驱邪避恶目的。

图2-64　椒图辅首（水磨古镇禅寿老街）

2.3.17　兔

早在先秦时期，兔子就是六畜之一。在古代，社会生产力低下，人类崇拜具有旺盛生殖力的一切生命现象，如植物中的石榴，动物中的鱼卵、兔子等。兔子有双子宫，具有极强的繁殖能力，是女性健康、生命繁衍、多子多福的象征。《尔雅》中记载，“兔子曰娩”，《博物志》中载有：“兔，望月而孕，口中吐子”，兔，吐也。其孕期与月相变化周期正好，因此常与月亮等组合使用。

传统装饰图案中，兔纹也是出现较早的装饰符号，可追溯到原始时期彩陶上的几何兔纹。西蜀园林传统装饰符号中兔纹常作为构图的主纹出现于撑弓、家具之上（图2-65），双兔位于石崖上，与绕月的祥云、桂花等构成圆满图形，周围彩凤伴飞，花团锦簇，双兔亲昵，形容夫妻喜结良缘，能顺利繁衍后代，月中折桂，过上锦绣美好生活。

图2-65　双兔纹（桂湖）

2.4 器物纹样

2.4.1 如意

如意，杂八宝之一，最早的记录可以追溯到魏晋南北朝时期，早期如意端柄做手指形，以作挠痒之用，不借他人之劳而如愿以偿，是为“如意”之举。后发展成灵芝形、云形、花瓣形、心形等。一说其形源自于灵芝，另说起源于云纹，或是二者结合。其具象的形态和结构最早是功能性物件，后由于符号学发展，逐渐转为纯粹装饰性、礼仪性物件，其外形和符号已经深入人心，本身已经是多种吉祥符号的集成，具有极高的艺术价值。如意纹常以单独纹样或组合纹样出现在服饰衣帽、建筑装饰、桥梁台地、园林庭院、器物、家具、把玩器物、礼物等方面，也具有仙道意象。以对称手法产生连续韵律，多以石木雕刻、灰塑、镶花、牙雕等技法进行表达，尤其适用于建筑屋脊、栏杆望柱、瓷器等装饰，寓意更丰富。

如意本身即是权利财富、吉祥美好、富贵高雅的象征，其名“如意”，又有顺从人意的内涵。如意纹通常与其他的器物纹样、植物纹样或文字纹样组合出现，传达“平安如意”“富贵如意”“称心如意”，如与柿子、万字纹等组合便是表达“百事如意”“万事如意”吉祥价值观。

西蜀园林、私家宅院建筑装饰中如意纹运用广泛，常作组图纹。图2-66中如意双龙纹，瓦作脊刹中花，整体由左右对称的双龙纹及延绵环绕的如意纹构成，双龙为如意状，龙形纹、祥云纹、缠枝纹等组合有序，动态十足，整体生动自然。图2-67中宝瓶稳立，瓶身中部环状雕刻大小如意纹饰，似四方祥云围绕，下设蝙蝠，宝瓶、如意和蝙蝠符号共同成纹，寓意平安常驻、吉祥如意、福从天降。图2-68的正脊中间是以蝙蝠为中心的单独纹样，左右如意云纹对称组图，构图匀称，刻画深刻，远观清晰可辨。蝙蝠与如意组合成纹，象征幸福如意。

图2-66　如意双龙纹脊刹
（水磨古镇禅寿老街）

图2-67　宝瓶如意蝙蝠纹脊刹
（陈家桅杆）

图2-68　蝙蝠如意云纹（陈家桅杆）

2.4.2　铜钱

铜钱亦是杂八宝之一，铜钱的起源可追溯到2000多年前，圆形方孔的铜钱形状可象征哲理方面的天圆地方。秦开始作为全国统一的流通货币，一直沿用至清朝，也是财富的象征符号之一。后慢慢演变，与金丝绸带、如意结、祥云、元宝等组合形成装饰性很强的组合纹样，构图多作二方或是四方连续排列，也有成串圆圈两两相交的套合排列。

铜钱纹象征财富，寓意招财进宝、大富大贵。铜钱相叠加堆积，希望家族财源滚滚、富贵绵长。王莽时期“钱”被称作“泉”，“泉”与“全”同音，铜钱纹又有“十全十美”之意。

西蜀园林传统装饰符号中铜钱纹的应用既有单独纹样，也有组图纹，与其他类型的纹样组合使用。多以铜钱纹样的形式散布在器物周围，二方连续展开，形成装饰带。铜钱纹样多出现在脊刹、撑弓、照壁上。

图2-69为蝙蝠衔铜钱纹。蝙蝠衔铜钱是主纹，两翼串万贯。“钱”与“前”同音，钱孔可理解为“眼”，表明福到“眼前”之意。大量的串状铜钱纹呈左右对称之势，形式均衡工整，象征财源滚滚、福从天降。图2-70是瓦作技法堆砌创造出铜钱形的肌理，位于建筑中脊之上，象征金山银山、财源滚滚。该类瓦作堆

图2-69　蝙蝠衔铜钱中花（陈家桅杆）

图2-70　古钱币瓦砌脊刹（金堂贺麟故居）

砌方式在川西民居、宅院建筑屋顶装饰中运用较多，形式丰富，手法多样，是民间一种典型朴素的金钱崇拜观念。

2.4.3　宝瓶

宝瓶是口小颈细腹大之容器，又指法器，是佛家八宝之一。八宝是元明以来流行的装饰题材与吉祥纹样，雍和宫《法物说明册》说：“宝瓶，佛说福智圆满，具完无漏之谓。”宝瓶又有观音瓶的说法，瓶中装有洁净的圣水，可让生命起死回生，象征着生命、幸福。另外，“瓶”与“平”同音，指代平安、太平。宝瓶与不同纹样组合可以传达“平安+”“太平+”的吉祥价值观。

西蜀园林传统装饰符号中宝瓶的造型多样，多以组图纹呈现于脊刹、匾额、撑弓、扇门、抱鼓石、家具之上。图2-71屋脊中花宝瓶高耸，寓意平平安安，瓶身两侧卷草纹对称均匀，曲卷延绵，圆润华丽，象征长久的生命力，整组屋脊符号寓意长久平安。图2-72瓶生三戟蝙蝠纹脊刹，主纹雕刻宝瓶内插三只戟，“戟”与“级”，“蝠”与“福”同音，寓意官运亨通，连升三级，双福降临。

图2-71　宝瓶卷草纹脊刹（陈家桅杆）

图2-72　平升三级蝙蝠纹脊刹（水磨古镇）

陈家桅杆中的建筑上有双龙宝瓶铜钱纹脊刹（图2-73），中部宝瓶立于万字纹博古架上，瓶内插着盛开的牡丹花。两侧祥龙踏祥云升腾对视，万贯悬挂。宝瓶与牡丹的组合象征平安富贵、吉祥如意的美好寓意，更是世族博学高雅的象征。整组符号寓意“尊贵华丽”“德才兼备”，正脊镶嵌蝴蝶与缠枝纹图案，整体屋脊与中花浑然一体，彰显着家族的实力与地位。

图2-74宝瓶蝙蝠莲花纹脊刹，脊刹由上、中、下三部分构成，上半部为宝瓶和玉米，宝瓶采用镶瓷工艺，其余为灰塑。中部为蝙蝠衔铜钱，下部为莲瓣底座，莲花喷涌而出，缠枝纹绕向两侧，巧妙变为祥云、如意、卷草纹等，形成完整的塔形构图，中轴丰富，轮廓奇美，板面玲珑，质感明显，整体构思极为巧妙。宝瓶象征平安，玉米颗粒繁密，包含多子多孙、绵延不绝的寓意。蝙蝠和铜钱象征福到眼前，与祥云、如意等符号一起传达了多种吉祥云集的价值观，丰富了装饰内涵和多元化表达形式。

图2-73　双龙宝瓶铜钱纹脊刹（陈家桅杆）

图2-74　宝瓶蝙蝠莲花纹脊刹（水磨古镇）

在屋面两侧的戗脊截面，设置灰塑造型，在美化截面的同时传达吉祥的观念，是西蜀园林中建筑屋面装饰的常用手法，往往选取花瓶、仙鹤、鹿、花、果实等题材，甚至，神仙故事，采用灰塑、镶花、彩绘等形式进行表达。

图2-75就是该类形式，花瓶与月季花等进行寓意表达。月季又被称为“长春花”，象征四季平安，位于此处容易聚焦，吉祥画面迎面而来。罨画池磨空的汉瓶式洞门边缘装饰简单，轮廓形象，具有极强的画面构图感，是物化形式与吉祥内容高度统一的代表（图2-76）。汉瓶由葫芦演化而来，也为佛家吉祥八宝之一，象征着聪慧与圆满，寓意平安出入、吉祥如意。

图2-75　四季平安灰塑
（桂湖）

图2-76　汉瓶式洞门
（罨画池）

2.4.4　盘长

盘长，八吉祥之一，又称“无穷盘”“幸运结”。《法物说明册》中载：“盘长，佛说坚固活泼，解脱坏劫之谓”。即是说盘长造型盘曲连接，无头无尾，年年不断，能够以此解脱命中劫难。因其造型首尾相接、无穷无尽，象征着回贯一切、永无穷尽，与其他吉祥纹样组合时，寓意世代年年、福禄承袭、寿康永续或财源不断。

西蜀园林传统装饰符号中盘长常作为组图纹出现在扇门、雀替、窗花、家具之上。图2-77中的外框、格心、绦环板与裙板均以盘长纹作边框装饰，与博古纹、桃纹、万字纹、卷草纹和花鸟纹组合，整体寓意万德吉祥、十全十美。

2.4.5　暗八仙纹

暗八仙纹是指神话故事中八仙所持的法器，又称为“道家八宝纹”。其中，扇子是汉钟离的法器，宝剑是吕洞宾的法器，葫芦和拐杖是铁拐李的法器，阴阳板是曹国舅的法器，花篮是蓝采和的法器，渔鼓和浮尘是张果老的法器，笛子是韩湘子的法器，荷花是何仙姑的法器。八仙所持法器各有象征：扇象征渡人成仙；宝剑能治病解难，除害灭妖，镇邪驱魔；葫芦盛药存五福，象征起死回生；阴阳板拍板和声万籁清，可净化环境；花篮盛满灵瑞品，能广通神明；浮尘象征长生不老；吹笛使万物滋生；荷花洁净不染尘，是清廉的象征。

图2-77　盘长纹扇门（罨画池）

西蜀园林传统装饰符号中暗八仙纹常作为主纹出现在抱鼓石、正脊、门窗、家具等装饰构件上。图2-78中的葫芦、笛子、宝剑、荷花等主纹均为灰塑，用写实技法进行表达，寓意妙手回春、万物生辉、免除灾害、廉洁清正之意。

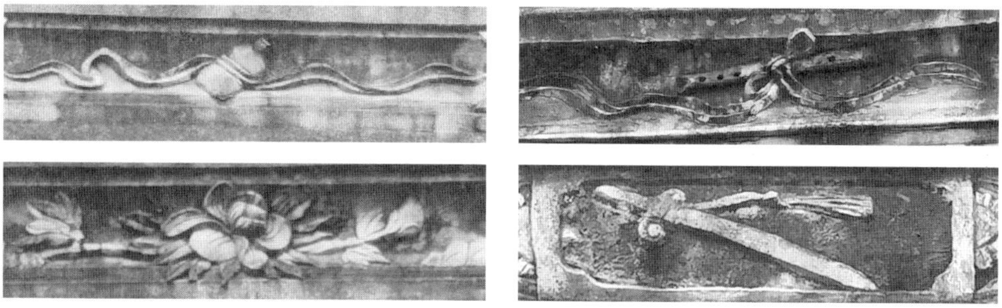

图2-78　暗八仙纹（陈家桅杆）

陈家桅杆的暗八仙纹不仅出现在正脊上，还出现在其正门的桅杆抱鼓石装饰上（图2-79），作为组图纹，与主纹相互呼应，表达了宅院主人对家族兴旺、十全十美的期许。

图2-79　暗八仙纹（陈家桅杆正门抱鼓石）

2.4.6　博古纹

博古一词指“博古通今”。博古纹是北宋以后较为常见的一种复古类型的装饰纹样，也是伴随着家具陈设而兴起的美学形式。后在建筑装饰上也开始配饰鼎、尊、瓷瓶、杂宝、盆景、花草、果蔬、琴棋书画等题材作为点缀的纹样，并运用在方方面面，手法多样，不拘一格，是中国传统文人善用的一种方式，寓意雅致文秀、低调内涵的气质。

西蜀园林传统装饰符号中的博古纹使用极其广泛，通常作为主纹构图出现在撑弓、桥柱、墙面装饰以及门窗上。图2-80中的罨画池的门扇裙板部分，灵活借

图2-80　博古纹扇门裙板（罨画池）

用暗八仙的纹样，并交错使用，突出了各种吉祥思想，彰显了文雅之风，形成了形态各异、相互关联的博古纹群组。

图2-81是桂湖的门枋装饰，装饰符号以莲花瓣纹为中心，显现了桂湖中莲花的特色。在其左右描绘雕刻了琴棋书画、文房四宝，并与几案、香炉、兰花、宝剑、瓶中花、扇子、毛笔、磬、如意、回字纹博古架等装饰纹样组合形成一套精致的传统符号，红底金丝，线条曲美，极具富丽堂皇、文风浓郁、吉庆如意的意境。图2-82建筑墀头上整组纹样自上而下为云纹、蝙蝠、云烟、香炉、博古架，表达对福从天降的画意。福入香炉，收纳福分，传达出人们对美好生活的向往。

图2-81　博古纹门枋装饰（桂湖）

图2-82　蝙蝠云纹灰塑（桂湖）

2.4.7　四艺

四艺指的是中国古时文人雅士所应该具备的琴、棋、书、画等四门艺术，是文人们的基本标准，也是一般家庭教育的口头标杆。四艺是平常游玩或家具所具备的重要文化物质要素，是最能代表中国文人雅趣的器物，是历代文人雅士必备之物。四艺约定俗成地形成了多样化的代表符号和典型的组合图案，这些四艺装饰符号代表着博雅宽阔的知识涵养，象征着国泰民安、文运昌盛。

西蜀园林和传统民居大都会出现这类装饰符号，四艺纹样既作为组图纹出现，也可作为装饰符号的主纹出现，通常与花卉、绸带、祥云、如意、文房四宝等纹样组合，写意加写实手法相结合，采用对称布局，烘托四艺主纹和主题，刻篆凹凸婉转，刚曲粗细，疏密有致，刻画精细繁复，极尽工艺，栩栩如生，常常以灰塑、木雕、石刻、镶花等形式出现在建筑正脊、匾额、门饰、撑弓、门窗、家具和园林影壁、桥梁、亭台之上。

图2-83为新繁东湖的匾额包围，通过规整矩形图框的精细表达，提示人们学而优则仕，饱学之士尤能敬孝家国，也可过上锦绣如意的生活。匾额严肃规整，图框纹饰丰富，对称均匀，四艺居边框中心，突出了符号的主旨。整体装饰四艺、花草、文字、如意、祥云等组合天衣无缝、和谐美妙，具备极强的观赏品鉴价值。这一类装饰通常丰富繁琐，但画面清晰；构图错综复杂，但语境明确、寓意深厚。

图2-83　四艺纹匾额包围（新繁东湖）

2.4.8　文房四宝

文房四宝即家庭书房或厅堂常设的书写工具——纸、墨、笔、砚，它们是中国传统文人学习和生活、交友等相交融的代表器物。文房四宝纹样是家庭和个人文化修养的象征。西蜀园林和传统民居的传统装饰符号中文房四宝通常作为主纹得以烘托，与其他吉祥纹饰组合，常出现在建筑正脊、门窗、墙体装饰、家具陈设之上。

图2-84毛笔纹以灰塑的形式雕琢在建筑正脊，主纹为四宝中的毛笔，配以绸带，通过对比调和的构图原理，呈交叉构图，刚柔相济，形成视觉平衡的目的。与如意、花草纹结合组图，表达了传统社会耕读传家、重视文化、尊重知识和崇尚儒家修养的内涵和期盼。

图2-84　笔纹（陈家桅杆）

2.5 文字纹样

2.5.1 福

“福”字一直是中国传统建筑装饰、门面装贴、迎来送往的吉祥物件，承载着人们对美好幸福生活的愿望与憧憬。福字的解释众多，其本义是神祖保佑，即《说文解字》中的“祐也”。后引申为富贵、幸福、福气等，《礼记》中讲：“福者，百顺之名也。”即福是百顺的总称，有顺利、福到、诸事如意的含义。《尚书·洪范》中载，“五福，一曰寿，二曰富，三曰康宁，四曰攸好德，五曰考终命”。五福即是指长寿、富裕、健康平安、修养好德和老年无疾而终五个层面的福气。由于其特定的语义，在中国吉祥纹样表达中，将含有福字或同音的动植物都赋予同等良性的含义，传达福气之意，如葫芦、蝙蝠、佛手瓜等均在这方面广泛运用。福也与“福、禄、寿、禧”一起概括和丰富了中国传统的吉祥寓意内涵。常常以灰塑、木雕、砖石雕、剪纸等多种形式表现在建筑、园林、家具、陈设、书画等界面上，在城镇公共空间也有普遍运用。

西蜀园林传统装饰符号中“福”字纹常作为装饰符号的构成主体，与其他动植物纹样进行构图，多出现在建筑脊刹、窗花、护栏和照壁、路面之上，福字多以写实和变形手法进行创造。在元通古镇罗家大院的护栏上出现了多样的“福”字纹样（图2-85），此组栏杆中部纹样为不同写法的“福”字，周围辅以佛手、

图2-85　福字纹（元通古镇罗家大院）

石榴、桃等装饰性植物，传达了福气长存、多子多福、福寿双全的美好愿望。图2-86中的福字如意卷草纹位于脊刹中间，底部“福”字刻于如意纹内，左右两侧卷草纹无限重复与连续的韵律传达了生生不息的生命之气和长远之意，整组符号灵动飘逸，线条流畅，肌理质感逼真，视觉效果突出，传达了吉祥如意、福气延绵的象征之意。图2-87五福照壁，整组符号对称均衡，砖石镶嵌，色彩对比又调和。中心万字纹围绕的“福”字醒目凸显，五福临门，五福吉祥之韵味迎面而来，整个院落空间福气满满、祥瑞和谐。

图2-86 福字如意卷草纹脊刹（水磨古镇禅寿老街）

图2-87 五福照壁（段家大院）

2.5.2 寿

寿，即生命长久，有时运长存、福寿延年之意。我国民间深受道家思想的影响，认为长寿是生活之本，只有生存长久，才能享受世间一切美好，从周代起便有祈寿的活动，这反映出从古至今人们对长寿的追求与祈盼。寿字纹样多以不同字体的“寿”字进行创造，形成装饰性强的符号性纹样。这类纹样集合吉祥如意、祥云、福气、金银财宝、名利功勋等符号进行创意，与各种动植物写实符号进行艺术构图，形成组合纹样或创造出充满丰富要素的纹样，极尽含义，表达亦是精雕细琢、面面俱到、色彩丰富。

历代书法家创造了数百种寿字写法，结合吉祥寓意，又创造出各种装饰性字体。清代装饰纹样中的寿字以长形篆体字多见，长形的寿字纹样寓意“长寿”。后来出现了圆形变体的寿字，纹样格调厚重，结构严谨，造型丰满独立，给人以古拙浑穆之感，称为“团寿”或“圆寿”，寓“寿享天年，无疾而终、长寿团圆”之意。寿字与祥云、如意、花草等精巧构图，以灰塑、雕刻、镶瓷、木雕等技法被广泛应用在日常家具、建筑装饰、庭院、衙署、家具、器皿、服饰等界面，从生活、社交、官位等全方面展现人们在福、禄、寿、禧等方面的希望，如“福寿齐天”“福寿延年”“龟年鹤寿”“松柏之寿”等。

西蜀园林、川西民居、古镇聚落、衙署庙宇等传统装饰中寿字纹运用极为广泛和全面，其运用多元，造型多样，材料丰富，手法灵活。纹样既有作为组图纹，又有作为装饰主纹呈现。罨画池窗棂上的团寿纹饰（图2-88），如同万字纹环绕不断，与须弥座、如意纹、花纹、山字层级巧妙构图，寓意生命延绵、寿比南山、圆满富贵、佛祖庇佑等寓意。五福团寿纹（图2-89）即是以团寿纹为主纹的组合装饰纹样，团寿居正中，其线条环绕不断，寓意生命延绵不绝，五只蝙蝠围绕一个团寿，即“五福捧寿”“五福团寿”，蝙蝠纹与团寿纹的组合更是强化了人们对延年益寿、五福

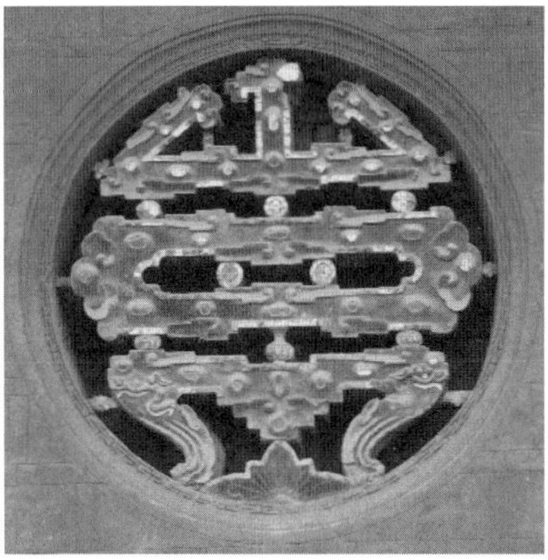

图2-88　团寿纹窗棂（罨画池）

图2-89　五蝠捧寿纹脊刹（陈家桅杆）

临门的渴望，整体组合纹样生动地传达了福寿如意的美好愿景。寿字纹滴水（图2-90）借助寿字长条的形式象征家族和个体生命的长久。图2-91建筑屋脊中花的寿字如意卷草纹稳中向上，居中“长寿”插于如意纹之上，两侧卷草纹左右对称柔卷包裹，延绵垂卷，整体构图对称协调，线条优美，画面生机勃勃，意蕴祥瑞。

图2-90　寿字纹滴水（陈家桅杆）

图2-91　寿字如意卷草纹脊刹（陈家桅杆）

2.5.3　回字纹

回字纹的应用起源最早可追溯到三千多年前的各类器物上，是一种基于植物形态的变形纹样，表达不绝的意愿。后随着器物、建筑等的成熟，装饰礼制的确定，回字纹逐步由古陶器和青铜器上的水纹、雷纹、云纹等衍化而来。周代出现在漆器、绣品上的雷云纹开始规则化、连贯化，图案化，形成有单体双线、正反相连或是连续不断折绕而成的回字形的纹样，纹样灵活、庄丽大方。至宋代始，在织锦中把回字纹做成四方连续组合，民间称之为“回回锦”。回字纹样典雅规整，简洁清晰，线条呈方折形卷曲，因形如“回”字而得名，作为中国传统吉祥纹样的一种，因其独特的外形框架使其常用于青铜器、服饰家具、建筑、庭院等装饰界面上。

回字纹有一线到底、连串不断的外形和构架特征，民间称为“富贵不断头”，主要作为组图纹出现，以四方连续的形式构成，多作装饰、陪衬之用，寓意其陪衬的对象更加延绵长远、万世不绝，起到锦上添花的效果。

西蜀园林传统装饰符号中回字纹的运用极为广泛，多为组图纹出现在戗脊、正脊、匾额、桥面、地面、门洞、抱鼓石、花台、家具等各类装饰构件上，也偶有作主纹出现在脊刹、雀替、撑弓上。在桂湖公园和水磨古镇等建筑装饰上均会使用回字纹飞檐翘角（图2-92、图2-93）。汉字的“回”字蕴含有回环、缠绕、

图2-92　回字纹飞檐（水磨古镇）

图2-93　回字纹飞檐（桂湖）

延绵不绝之意，而回字纹的构成形式又具有循环往复的动态特征，生生不息的装饰语言和丰富的传统文化内涵完美结合，赋予了回字纹源远流长、福寿延绵的吉祥寓意。回字龙纹撑弓（图2-94）整组装饰符号由龙纹和回字纹组成，以龙为首，以回纹为身，撑弓为架，将结构轮廓与符号线条精巧融合，相得益彰，将龙的威严融于花草之柔美，既能展示出龙的精神与气势，又有回纹简约婉转之美，也是中国人典型的吉祥哲学观，矛盾中寻求自我安慰与统一，取舍有度，形式有序，色彩富丽堂皇，寓意深刻，表达含蓄。

图2-94　回字龙纹撑弓（桂湖）

2.5.4　卍字纹

《辞海》释义“卍”（音“万”）是古代的一种符咒、护符或宗教标志。在中国，距今约4500年新石器时期出现了“卍”纹样，是源于自然崇拜的写意符号，象征太阳无限光辉。到武周时期，“卍”字符号被“音之为万”，寓意“吉祥万德之所集”。“卍”并不作为文字使用，后受到佛教语义影响，更多的是作为一种宗教装饰符号使用。佛教典籍《十地境论》记载，释迦牟尼胸部“卍”字纹样乃“瑞相”，意为“万德吉祥”，象征着永恒、吉祥、万福和万寿，代表轮回。最初在佛教“卍”字纹样被认为是太阳或是火的象征，后来，发展引申为永恒不变、辟邪趋吉，以及吉祥如意的象征，是传达永恒的吉祥符号。

由于“卍”纹是一种省略式的变形创造，形态充满了节奏与韵律，在构图上可首尾相接，形成连续不断的装饰效果。再者“卍”符号谐音为“万”，利于传达如“万寿无疆”“万事亨通”“万事如意”“万古流芳”等寓意。因此，在中国传统装饰文化中，利用其形态和谐音，与其他吉祥图案组合，使图案具有永无止境、万福万寿、绵长不断之寓意。

在西蜀园林、民居大院中，“卍”字纹多以组图纹出现，如“万字不断头”“万福延绵”等装饰符号都是以“卍”字纹为组图纹构图，采用二方连续构图骨式，一般以灰塑、木作、石刻等形式进行制作，密集清晰地表现在建筑正脊、门窗、墙体、路面、家具、器物等装饰界面上。

段家大院的万寿无疆纹正脊（图2–95）中，长字形“寿”字纹样居正中，左右“卍”符号对称绕缠，线条无限盘曲，烘托出“万寿无疆”“福寿延年”的美好愿望。

图2–95　万寿无疆纹（段家大院）

陈家桅杆建筑正脊上“万字锦”（图2–96）与房湖中的“万字锦”桥面装饰（图2–97），均是以“卍”字纹首尾相连、连续不断构成的装饰符号，传达轮回运转、万事平安的含义，这类符号称为“万字锦”，象征幸福无边、吉祥无限。

图2–96　万字锦正脊（陈家桅杆）

图2–97　万字锦桥面装饰（广汉房湖）

望江楼公园中的“万福延绵”门窗纹饰，图形精巧剔透，工艺精彩绝伦，构图对比和谐，极具观赏价值和文化内涵（图2–98）。内圆四层同心圆八组万字纹环环相扣、线线相连，四面八方16只蝙蝠展翅飞翔，东、西、南、北十字轴线稳定画面，采用冰裂纹“包围式”构图，产生极强的视觉对比，整体图案透露出福气所聚，永世吉祥的画面。

图2-99以“卍”符号为主纹和构成骨式，直接体现“卍”线线分割画面之美，这也是宗教、民居、园林等建筑装饰尤其是门窗最常用的方式。在繁复的骨式中，依托节点，点缀桃与月季花，作为组图纹来丰富单一画面，起到了锦上添花之效。月季花又名长春花，“卍”同音“万”，“卍”字纹与代表长寿的蟠桃、长春花组合成为“万寿长春”的形象符号，象征长寿吉祥。

图2-98　万福延绵纹窗花（望江楼）

图2-99　万寿长春纹窗花（桂湖）

2.5.5　春字纹

《说文解字》解释为“春，推也”，可理解为阳气始升，推动万物萌发，四季轮流，即“春阳抚照，万物滋荣”之意。在元通古镇罗家大院（图2-100）和女贞馆的屋檐滴水（图2-101）上均有春字纹，滴水主纹为“春”字，左右上角雕刻对称式植物，与之相呼应，故又可延伸至生机勃勃、充满活力等内涵，传达了春回大地，又开始幸福美好生活的寓意。

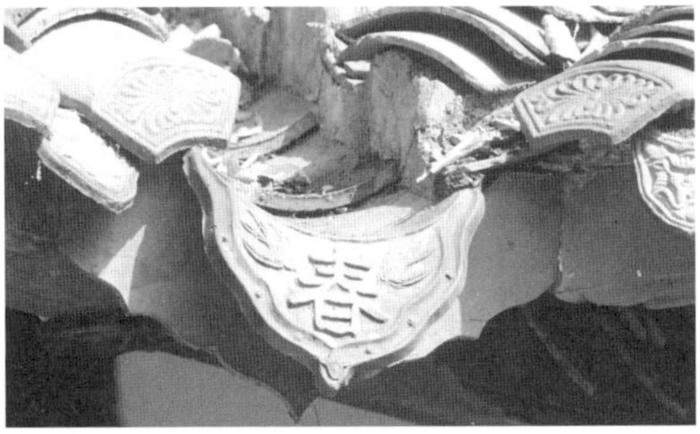

图2-100　春字纹滴水（元通古镇罗家大院）

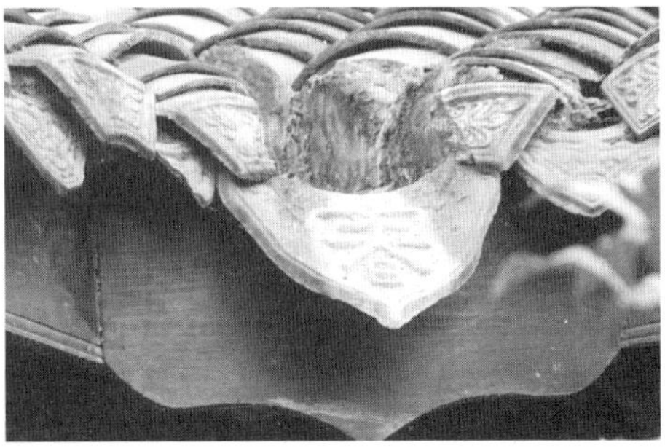

图2-101　春字纹滴水（元通古镇女贞馆）

2.5.6 水字纹

图2-102 水字纹悬鱼（新繁东湖）

建筑屋顶悬鱼装饰是中国传统建筑装饰构件，初意为象征廉洁文明之意，昭示各方均要奉公清明。后形态发生变化，要素拓展为如意、蝙蝠、钱币、鱼等符号组合，赋予了更多的寓意。图2-102中建筑屋顶博风版处的悬鱼水字纹装饰以水纹、水字、如意等代替了鱼形，指代风水顺畅、平安如意。因“鱼”为水中物，大多悬鱼构件用鱼为主纹构图，既丰富了图案形式，又蕴含“水克火”保平安之意，是中国传统吉祥文化中“祈平安”思想的一种具体表达方式。

2.6 人物故事纹样

西蜀园林传统装饰符号中的人物故事纹样大多取材于中国文学典故或文学故事进行装饰性表达，将喜闻乐见的历史、传说、神话等故事通过建筑、家具、陈设等空间进行装饰，起到向往、感叹、崇拜、寄托、教育、传承等作用。其实纹样表现手法与文学艺术颇为相似，都是采用象征、比喻等手法将家国情怀、爱情故事、忠肝义胆、礼义廉耻、耕读传家等社会正向故事和吉祥画面进行表达，如《杨家将演义》中家国情怀，《西厢记》《牡丹亭》《梁山伯与祝英台》等爱情凄美画面，《三国演义》中桃园结义、肝胆忠勇等故事，诸如此类，都喜欢用在建筑门窗、家具、绘画、桅杆、桥梁路面、水缸装饰之上。四川地区，受到三国文化的影响更大，相关典故、文学作品和戏剧作品的取材运用也多，尤其是西蜀园林、川西民居之中。这些故事经工匠技师写实刻画，形成图画般的唯美故事纹样，这种以装饰符号的形式展现，使人沉浸在文学的故事联想中，阅读感知其中传达的吉祥和历史文学价值，这也扩展了园林和建筑的文学意境，增加了空间的观赏性和内涵。该方面纹样的故事内涵，是中国文学经典传承千年形成的，通过口授相传，故事内容、典型情节深入人心，具有极高的识别性。

2.6.1 八仙

八仙常指道教的八位神仙，典型故事就是“八仙过海各显神通”“八仙祝寿”。八仙性格各异，神态飘逸，神通广大，能解天下所有烦事，深得民间喜欢和崇拜。八仙其实是来自民间不同阶层、身份的代表，是广大民众对完美社会的一种向往，并寄托在一个空虚的幻想世界中。这些人来自人间，不受仙界的管辖，都有丰富多彩、引人入胜的凡间平常故事，他们没有庄严神圣、衣履光彩、法器精细的形象，反而还有一些常人的缺点和脾气，如同邻居一般亲切，充满人情味，每一个都能缓解民间一些典型疾病和吉祥愿望。铁拐李形象邋遢，潇洒风趣，携带葫芦能缓疾病。汉钟离“坐卧常携酒一壶，不教双眼识皇都”，天生福相，袒胸露乳，手持棕扇，神态自若，自由自在。张果老最年迈，寿有数百岁，倒骑白驴，背负道情筒，云游四方，劝化世人。吕洞宾被全真道奉为“纯阳祖师”，又称“吕祖”，是中国传说中著名的仙人，洒脱，幽默，用天遁剑斩妖除害，除暴安良。何仙姑以织鞋为业，她幼遇异人，食仙桃成为仙，为人占卜算命、预测祸福。蓝采和行为怪僻，衣履不整，手提花篮，握大竹板，反季行乞。韩湘子英俊潇洒，风度飘逸，擅吹箫。曹国舅性情和易，通晓音律，红袍官服，手持阴阳板。因为八仙拥有亲民的人设，深受民众的喜爱。一说八仙分别代表男（吕洞宾）、女（何仙姑）、老（张果老）、少（蓝采和）、富（韩湘子）、贵（曹国舅）、贫（汉钟离）、贱（铁拐李），又有说八仙分别代表八卦八个方位，每人皆有相对应的卦象，而八仙齐聚则如八卦纳万物一般万事齐全。传统古镇、西蜀园林建筑、桥梁、法器、家具、绘画中多有出现以八仙纹样为主纹结合其他吉祥纹样的装饰符号（图2–103），八仙脚踏祥云，临空降临，刻画了吉祥平安、和谐安康的画面。

图2–103　八仙纹样（陈家桅杆）

2.6.2 渔、樵、耕、读

“渔、樵、耕、读”是中国传统农耕社会的一种典型的田园理想生活方式。渔夫、樵夫、农夫和书生也代表了四种生产单元结构人群。这种方式鸡犬相闻、邻里互助，丰衣足食，耕读传家，其田园耕作、生活洒脱、隐逸无争、宁静安和的状态也令达官贵人向往，故又称为“四逸”。渔夫严子陵隐居避世，清白无欲；范仲淹《严先生祠堂记》赞颂“归乐江湖，先生之风，山高水长”。樵夫朱买臣出身贫苦，砍柴为生，阖达乐观，酷爱阅读。在各类装饰纹样中凡砍柴、挑柴者均属于“樵”。“耕”原型是舜，《史记》记载“舜耕历山”。传统装饰图案中有牛耕符号，皆称为“耕”。“读”为战国时苏秦埋头苦读之形象。“头悬梁，锥刺股”影响和激励了千年读书人。“读”所传达的是文人坚韧不屈、刻苦学习的理想状态。作为装饰纹样的“渔、樵、耕、读”大多成组出现，用以表达文人的清高修养和远大理想。

2.6.3 《杨家将演义》

《杨家将演义》是明代熊大木所著的英雄传奇小说，成功塑造了杨门几代忠良群像，讲述了杨家“一门忠勇尽亡倾”的悲壮故事。以佘太君为首，以穆桂英为典型代表的杨门女将，一改古代文学中弱不禁风的女子气质，皆是能征善战、有勇有谋的巾帼英雄。其中智勇双全的佘太君、穆桂英更是家喻户晓，仅川剧中以穆桂英为核心主角的戏剧就有《桂英打雁》《穆桂英招亲》《穆桂英大破天门阵》《穆桂英挂帅》等。以这些川剧为蓝本的故事，结合川剧地方特色，如服饰、场景等进行表达，也体现了西蜀地方文化特色和建筑装饰特征。

《佘塘关》是历史上的经典戏剧，讲的是北宋时期杨衮与佘洪同朝为官，由于两位的夫人同时怀有身孕，杨、佘二家遂指腹为婚。杨衮生子名杨继业，佘洪生女名叫佘赛花，但佘洪又暗自将女儿许婚给同朝为官的崔子建的儿子崔龙。待子女长大成人后，杨衮派人请婚期，佘洪假装答应，却又派人私下召崔龙前来迎娶佘赛花，但崔龙诸多方面不及杨继业，佘赛花搪塞推诿并告之杨继业迅速前来迎娶自己。由此矛盾难解，佘洪令杨继业与崔龙比武，胜者为婿。比武时杨继业杀死崔龙，刺伤佘洪。佘赛花与杨继业情定七星庙。桂湖公园的雀替装饰纹样上出现了杨继业同佘洪、崔龙两人打斗的场面（图2–104）。图2–105为《穆桂英智擒杨宗保》故事，传达出的是夫妻和睦、家国和平的吉祥价值观。佘赛花招亲、

图2-104　佘赛花招亲纹样（桂湖）

图2-105　穆桂英智擒杨宗保纹样（桂湖）

穆桂英智擒杨宗保以及杨家将的故事流传千年，影响深远。这些津津乐道的戏曲类故事图案都广泛运用到民居园林之中，表现在家具、建筑、水缸、绘画等方面，精雕细琢，镶金涂彩，极大地丰富了建筑空间、庭院、室内的观赏价值和文艺特色，展示了富丽堂皇的面貌，同时体现出了一种人情世故，提醒所有人引以为戒。

2.6.4　《三国演义》

《三国演义》讲述了东汉末年天下三分，魏、吴、蜀争夺天下的精彩故事。每个人物都有鲜明的特征和个性以及形象。忠勇双全、义薄云天、淡泊明志等性情格局成了中国人向往的高尚社会境界。“桃园结义”“三顾茅庐”“古城相会”“长坂坡”“赤壁之战”“群英会（蒋干盗书）”和“空城计”等故事几乎家喻户晓。这些故事除了纸墨记录，更多地表现在绘画、图书、建筑和园林空间中，四川地区，在官署、民居、寺庙等空间也表现得淋漓尽致。一般以写实手法为主，组合空间场景要素，表达各类叙事情节，采用木雕、灰塑、绘画、瓷器彩绘等形式进行艺术再现。

图2-106为桂湖公园建筑雀替结构上的“古城相会”的故事纹样。画面以建筑廊构为空间载体，刘备两位夫人、张飞、关羽饱满构图，氛围压抑，争斗一触即发。故事给我们传达了关羽忍辱负重、兄弟肝胆相照的历史情怀，是影响中国人精诚团结、重情重义的典范故事。另一撑弓刻画了“群英会”的故事纹样（图2-107），讲的是赤壁之战的相关故事，曹操谋士蒋干江东会周后中反间计，导致赤壁之败。

图2-106　古城相会纹样（桂湖）

图2-107　群英会纹样（桂湖）

2.6.5　郭子仪贺寿——《郭子仪贺寿》

郭子仪为唐朝杰出将领，在平安史之乱、胜吐蕃侵扰等征战中居功至伟。其人心系国家安危，治军宽严得当，文武双全，文至丞相，武至大将军，同时又精于谋略，深得民众爱戴。郭子仪一生经历了武则天、唐中宗、唐睿宗、唐玄宗、唐肃宗、唐代宗、唐德宗七朝皇帝。图2-108画面刻画了郭子仪夫妻在七十大寿之时门庭若市、高朋满座的画面。此故事隐含了君臣齐心、国事家事人事的合心故事，其中“醉打金枝”故事更是将皇帝的圣达开明、郭子仪的崇高地位和严格的家教展示得一览无余。长寿、和谐、忠诚、多子多福等多元化的吉祥寓意在其中均得以体现，这种期望和模仿在川西民居、古镇古街的建筑装饰中比比皆是，多运用在门窗、栏杆、家具、绘画、瓷器等方面。

图2-108　郭子仪贺寿纹样（桂湖）

2.6.6 醉写番表

《李谪仙醉草吓蛮书》集中展现了李白卓越的才华、藐视朝堂小人的傲气和潇洒不羁的气质。醉写番表的内容是：李白上京赴试，不肯行贿他人，被杨国忠和高力士逐出考场，寄居贺知章门下、识得异域文字之故事。时渤海国使臣呈表进京，满朝文武竟无一人认得这番文蛮字，贺知章举荐李白，并解读表中内容乃为警告胁迫大唐之文字，圣怒难平，即刻命李白起草国书以示态度，李白故以醉酒之名，要杨国忠和高力士为其磨墨脱靴，以此解被逐出考场之恨。醉写番表，降服番邦，威震四海，扬大唐之国威。李白驱使国舅磨墨、太监脱靴之朝堂故事，快意洒脱，为人们津津乐道，后传为小说、戏剧，成为建筑装饰、绘画文章、年画等题材。图2-109将这一题材雕刻在了建筑的雀替之上，图案左侧是：李白谎称醉酒，让杨、高二人磨墨脱靴，图案右侧是：杨贵妃意欲袒护，三人无可奈何。醉写番表的故事纹样传达了文人潇洒豁达的人生观和对小人奸邪的藐视，当然也是一种政治宣泄，同时告诫人们任何快意洒脱的事都具有双面性。

图2-109 醉写番表纹样（桂湖）

2.6.7 度林英

《度林英》又称《韩湘子度林英》，传说韩湘子原为太上老君的一只白鹤，因思凡间烟火降生在韩家，韩湘子自幼依靠叔父韩愈教育成人，并为他娶得翰林学士之女林英。洞房之夜，韩湘子题诗，自称仙人，需去钟南山打坐三年。林英独居叹命薄，相思成疾，韩湘子不忍，托梦于她，如若再见，可修道成仙。此后林英开始修行，韩湘化作美少年试探她，被严词斥退。韩湘子此刻相信林英已无半点凡心，遂请白衣大士度其成仙，两人终相见，逍遥于天地之间。《度林英》和中国普遍的爱情神话故事一样，是一种理想和美的家庭生成之曲折的故事，结局或美满或凄惨，都留与后人唏嘘不已。韩湘子和林英这对传说中的夫妻，结局传达的是夫妻之和，成为很多家庭向往的一种过程和结局。图2-110中的林英居庵修行，丫鬟碧莲伺候，白衣大士前来度林英和叔父韩文公成仙。西蜀园林善用此类故事，如桂湖公园使用多处装饰符号来表达杨升庵和黄娥的爱情婚姻之无奈，如交加亭、坠月楼等建筑及装饰，这均是后人的感叹和失落，转嫁这种同情的千古情绪，通过符号进行表达，也是西蜀园林装饰的一大特色。

图2-110　度林英纹样（桂湖）

2.6.8　五子登科

由“教五子”演化而来的“五子登科”，寄托了人们对子嗣高中科举、获取功名、前程似锦的希望。《宋史·窦仪传》记载五代后周人窦禹钧，官至谏议大夫，设立免费私塾，请儒学大家来为贫苦家庭的孩子授课，自己家里则节俭朴素。窦禹钧如此克己礼人，积善成德，感召天地。后有五子仪、俨、侃、偁、僖，皆品学兼优，先后登科及第，任尚书、侍郎、起居郎、左谏议大夫、左补阙之职，故称“五子登科”。《三字经》中“窦燕山，有义方，教五子，名俱扬”便是歌颂此事。该故事常以绘画、木雕、灰塑等形式出现在建筑门窗、家具等上面，以此来昭示家庭教育有方和励志扬名，为国贡献，光耀门楣之意，也暗喻多子多福、香火旺盛。图2-111中是身穿官袍、足蹬朝靴、头戴幞头的窦禹钧正教授孩子读书的场面。

图2-111　五子登科纹样（桂湖）

2.6.9　轺车骖驾

《说文解字》说明：“骖”就是三匹马，即为三马拉车，“轺车”则是指四面敞露有蓬之车，吏民都可乘坐。车骑仪仗中马匹数量是官位等级的象征，战国时礼制规范丛书《王度记》中记载:“天子驾六，诸侯驾五，卿驾四，大夫三，士二，庶人一。”四川地区发现的东汉时期的画像砖上多有轺车骖驾纹样，有一驾马车，也有两驾马车。马匹数量和装饰、人物衣冠、车辆配件等都彰显着主人身份的尊贵，也是封建社会出行礼制礼仪等级的象征。四川地区的宗庙祠宇、富贵大宅等建筑、桥梁装饰、墓室等一直参考汉代画像砖车骑仪仗，以写实手法刻画了很多轺车骖驾纹样（图2–112）是人们向往的尊贵威严、逍遥自在之状态。

图2–112　轺车骖驾纹样（陈家桅杆）

2.6.10　文人风雅韵事

西蜀地区自古英才辈出，文人雅士云集，蜀文化厚重，涌现出杨雄、司马相如、李白、杜甫、苏轼、陈子昂、李商隐、杨慎等影响巨大的人物。这些文人集群极大地促进和带动了四川文风发展，养成了崇文重教的优秀传统和崇文修身的社会风气。这些文人精神和作品在西蜀园林中被赋予诗意场景，通过楹联、匾额、绘画、诗句、景点名等流传至今，西蜀园林故而成为名人园林。望江楼公园崇丽阁雀替就是彩塑的文人的雅事，如米芾拜石、周敦颐爱莲、苏轼雅玩、李白醉酒等纹样（图2–114）。文人高明个性、为仕清廉、高雅潇洒、高德厚学的修养品德被这些不同故事主题的纹样组团式承载，通过以励学为主的崇丽阁集中传递出来，也彰显了成都之文化盛事至今不衰。

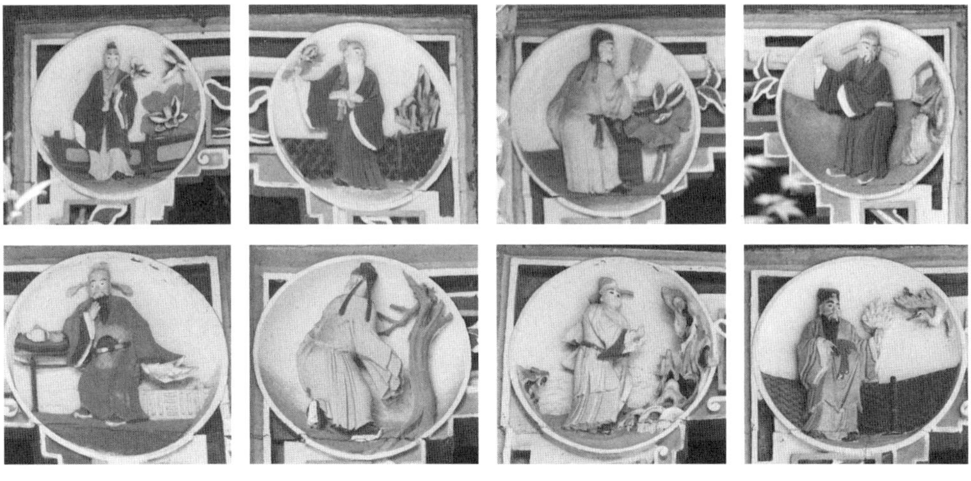

图2–113　文人雅韵纹样（望江楼）

3

西蜀园林传统装饰符号集示

西蜀地区的川西民居、宗祠庙宇等建筑、园林空间中的传统装饰符号蕴藏万千，图形礼制严谨，制作一丝不苟，制作灵巧繁复、精雕细琢，精神广博，内涵丰富。这些符号和图示彰显的文化精神和传统美学观流传千年，古人的哲理思想和家国情怀通过这些灵魂图示语言传承至今，影响深远。这类符号和图示是中国传统文化和精神价值欲望的集成表达，是最单纯的一种精神向往和希望，将最极致的美学和多元化的寄托融为一体，实现内容和形式的高度统一，实现个人价值观和社会价值观的平衡，无论是耕读传家、衣锦还乡，还是子孙满堂、家族兴旺，抑或是鞠躬尽瘁，实现国泰民安，这都是一种各类人群构成的高尚现象。自然界万物皆灵气，一花一草，十二生肖，乾坤缥缈，产生了各类图腾、各种寓意，人本创造启发于自然，智慧高于自然，成熟的社会现实促使人性回归自然，这样的自然物质逻辑实现了人类精神文化序列的生成，自然的生长细节成就了社会的精神语言，凝结成约定俗成的符号。自然的空间是自然的生存和生长的无限领域，人类的空间是自然的模仿，是有限的场所，艺术加工的自然符号有礼有节，循规蹈矩地装饰着人们的生活空间，拓展了无限的精神空间。这些符号千年集成，是文化、自然、经济、社会、礼制、宗教、物理、材料的综合体现，需要具备系统的建筑、装饰、园林、美学等方面的传统知识体系。时代的跨越和与时俱进，往往是文化的失落和忽视，本书博采西蜀之装饰图文，努力解读，精心绘制，将万千文化符号收纳展示，为各位提供便捷，也有文化保护之意识。本章集锦式地展示这些传统装饰符号，结合地名、结构功能和能指物源的标注，直观展示西蜀园林的“形式万千”。更立足于中国传统吉祥价值观，在符号注释中解译每组符号主纹所传达的“意向万千”。西蜀园林传统装饰符号多由多种纹样组合而成，解译的内容均依据其主纹的价值传达。部分传统装饰符号因残损或形象不明仅作记录，且传统装饰符号和中国的文字符号类似，存在“一符多意”的情况，所以解译注释仅供参考，也可举一反三。

3.1 脊刹

瓶生三戟脊刹（水磨古镇禅寿老街）[1]

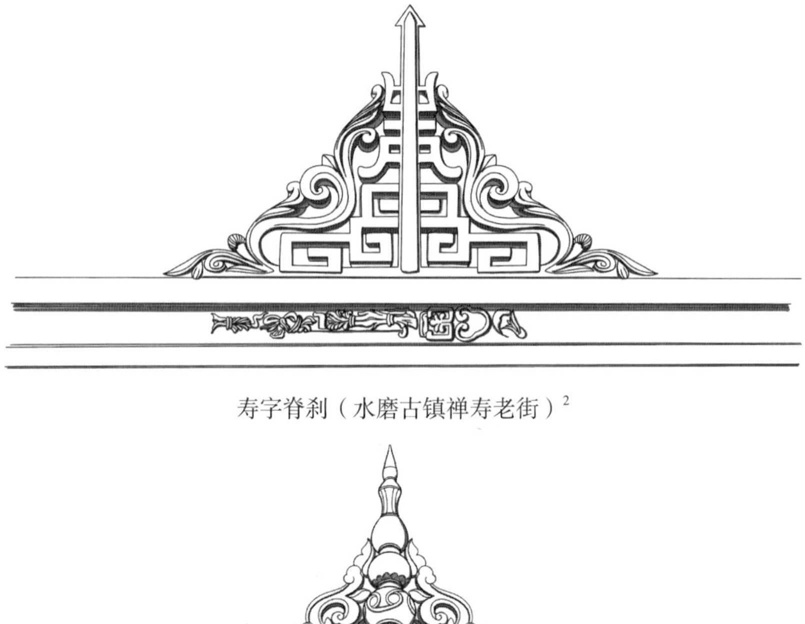

寿字脊刹（水磨古镇禅寿老街）[2]

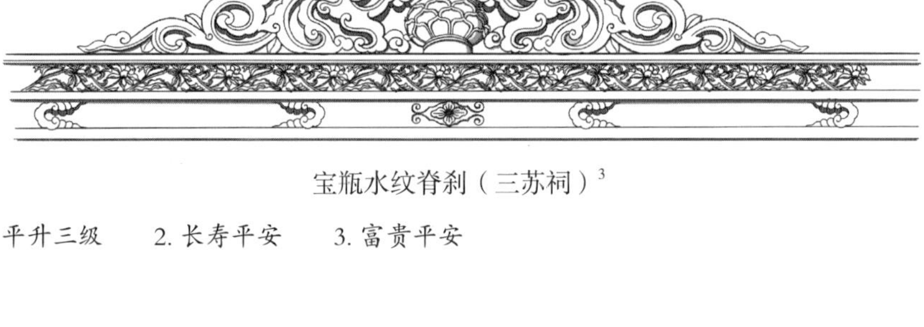

宝瓶水纹脊刹（三苏祠）[3]

注：1. 平升三级　　2. 长寿平安　　3. 富贵平安

宝瓶蝙蝠回字纹脊刹（温江文庙）[1]

鱼唆莲脊刹（陈家桅杆）[2]

蝠钱如意脊刹（陈家桅杆）[3]

注：1. 平安长久，幸福不止　　2. 家族兴旺，子嗣延绵　　3. 福在眼前，吉祥如意

蝠瓶脊刹（杜甫草堂）[1]

双狮戏牡丹脊刹（陈家桅杆）[2]

卷草宝瓶脊刹（陈家桅杆）[3]

注：1. 平安有福　　2. 富贵平安　　3. 平安长久

喜蝠瓶脊刹（陈家桅杆）[1]

宝光万丈脊刹（杜甫草堂）[2]

双龙牡丹脊刹（杜甫草堂工部祠堂）[3]

注：1. 平安有福，喜气连连　　2. 宝光万丈，象征极高成就　　3. 富贵，地位崇高

团寿纹脊刹（德阳文庙）[1]

宝瓶团寿纹脊刹（德阳文庙）[2]

龙虎卷草宝瓶纹脊刹（德阳文庙冠道古今牌坊）[3]

双龙戏珠纹脊刹（德阳文庙）[4]

吉星楼纹脊刹（德阳文庙）[5]

注：1. 长寿　2. 平安，长寿　3. 安定，吉利

4. 地位崇高，修养品德高尚　5. 吉星高照

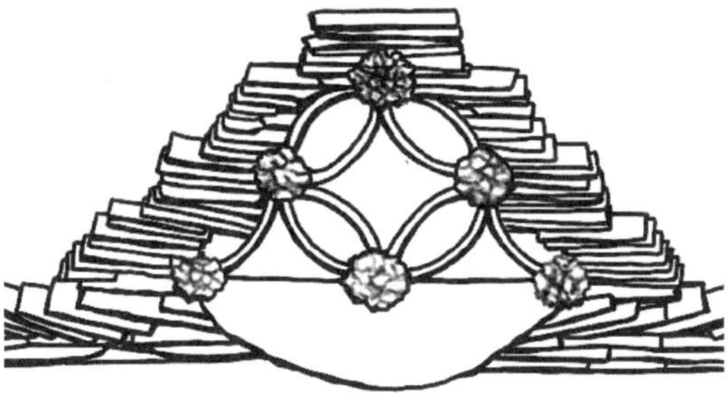

铜钱中花（段家大院）[1]

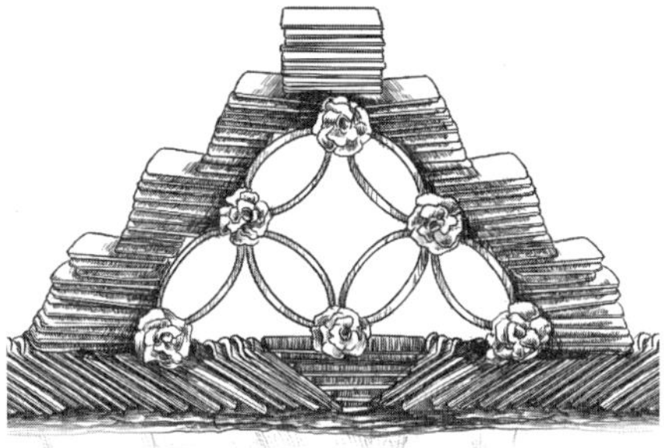

铜钱中花（段家大院）[2]

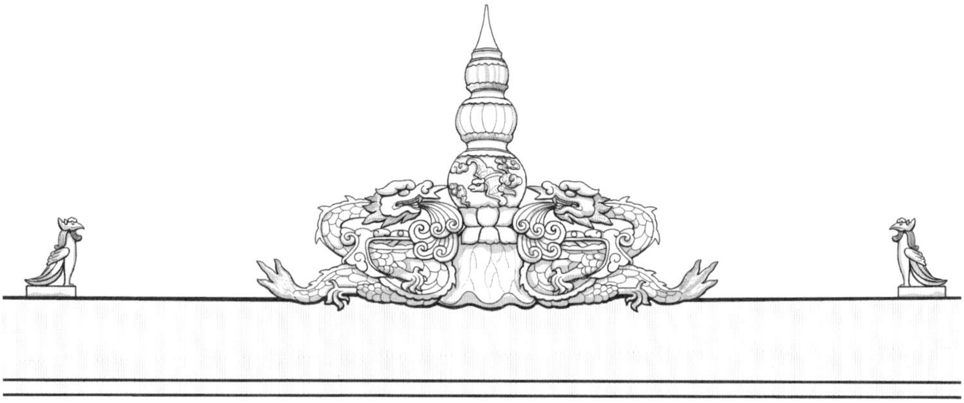

双龙盘蝠脊刹（广汉房湖文庙）[3]

莲花纹中花（元通古镇民居）[4]

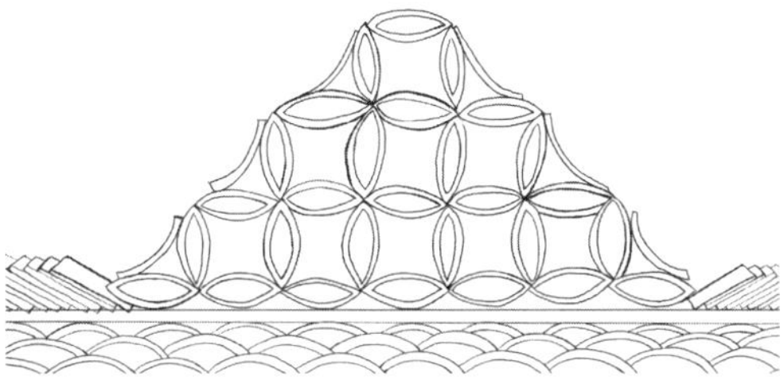

铜钱纹中花（桂湖）[5]

注：1. 财富

2. 财富

3. 平安，吉祥富贵

4. 家庭和睦

5. 财富

双龙牡丹脊刹（杜甫草堂大雅堂）[1]

双狮团寿脊刹（水磨古镇禅寿老街）[2]

五蝠团寿脊刹（陈家桅杆）[3]

注：1. 富贵，地位崇高

2. 喜乐长寿

3. 福寿双全

双狮戏球脊刹（水磨古镇禅寿老街）[1]

宝瓶蝙蝠莲花纹脊刹（水磨古镇禅寿老街）[2]

水纹福字脊刹（水磨古镇禅寿老街）[3]

注：1. 生生不息，喜从天降　　2. 福在眼前，多子多福　　3. 幸福年年

团寿纹脊刹（武侯祠）[1]

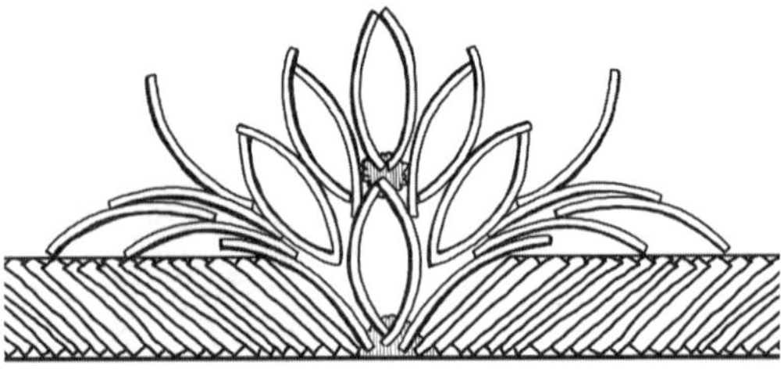

莲花纹瓦作中花（元通古镇民居）[2]

鸳鸯莲纹脊刹（罨画池）[3]

宝塔镇双龙纹脊刹（武侯祠）[4]

凤穿牡丹纹脊刹（元通古镇黄家宗祠）[5]

注：1. 长寿

2. 喜从天降，多子多福

3. 喜从天降，福在眼前，多子多福

4. 平安

5. 财富年年，富贵吉祥

鹿鹤纹脊刹（元通古镇黄家大院）[1]

牡丹纹脊刹（元通古镇东入口牌坊）[2]

蝙蝠铜钱纹脊刹（元通古镇仁里义乡牌坊）[3]

注：1. 六合同春，天下太平　　2. 官禄亨通，富贵年年　　3. 喜从天降，福在眼前

万字如意卷草龙纹脊刹（大慈寺藏经楼）[1]

双龙戏珠纹脊刹（大慈寺大雄宝殿）[2]

法轮双龙脊刹（大慈寺祈福殿）[3]

注：1. 辟邪趋吉，万福万寿　2. 地位崇高，修身养德　3. 吉祥回转，万劫不朽

祥云法轮纹脊刹（铁像寺）[1]

双龙麒麟蝙蝠纹脊刹（文殊院禅堂）[2]

注：1. 吉祥回转，万劫不朽

2. 祥瑞聚集，十全十美

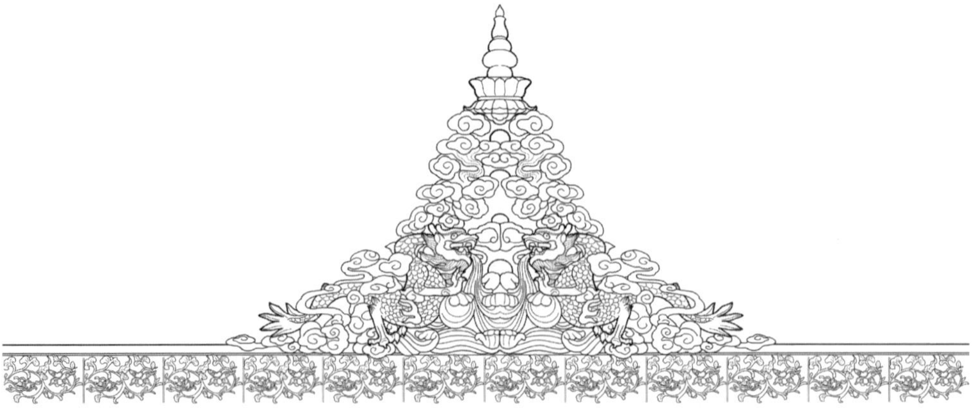

双龙戏珠纹脊刹（文殊院大雄宝殿）[1]

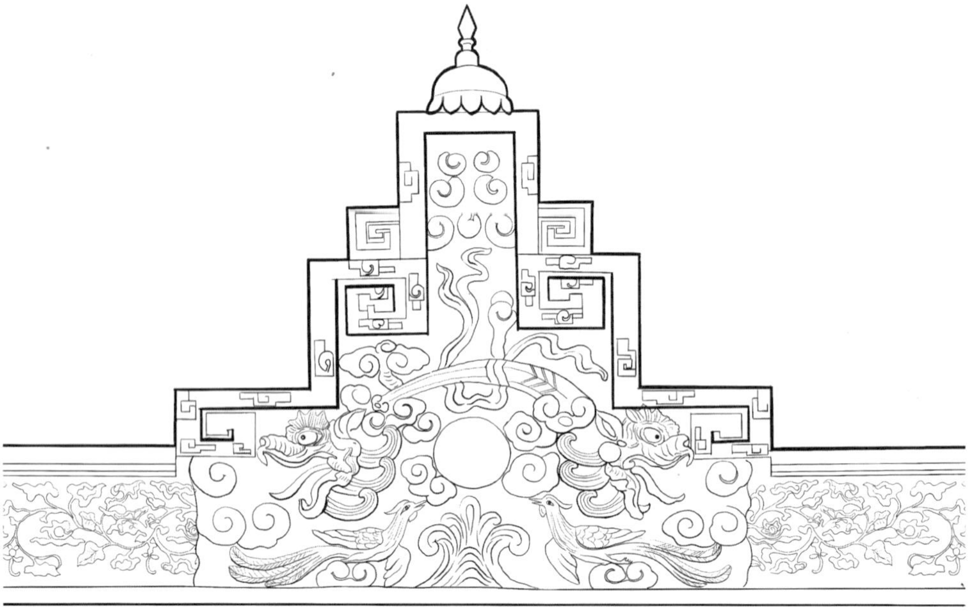

龙凤纹脊刹（文殊院三大力士殿）[2]

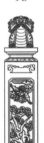

注：1. 地位崇高，修身养德

2. 龙凤呈祥，十全十美

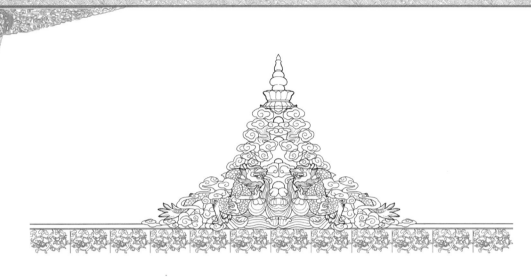

吉星楼纹脊刹（文殊院说法堂）[1]

莲花万字纹脊刹（文殊院厢房）[2]

如意双龙纹脊刹（水磨古镇禅寿老街）[3]

注：1. 吉星高照　　2. 功德，智慧，修为　　3. 官运亨通，财富不尽

双龙宝瓶纹脊饰（桂湖）[1]

吉星楼纹脊饰（大慈寺观音殿）[2]

注：1. 吉祥平安，富贵绵延　　2. 吉星高照

3.2 正脊

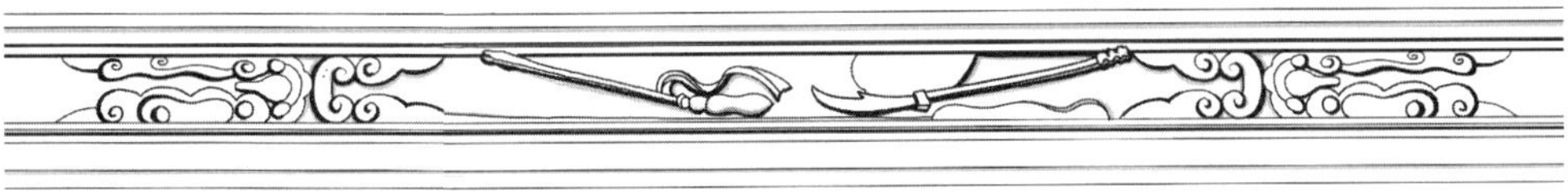

刀枪纹正脊（陈家桅杆）[1]

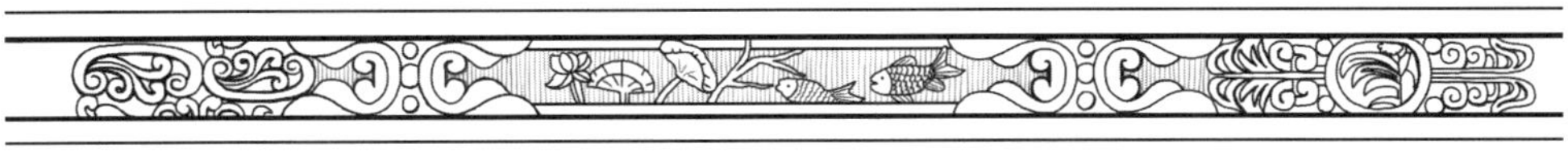

鱼唆莲纹正脊（陈家桅杆）[2]

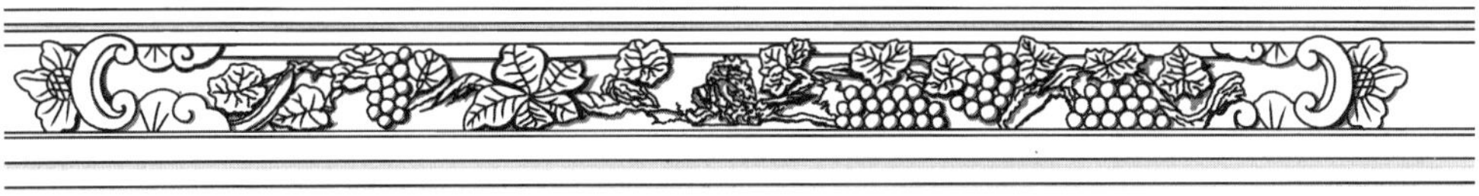

百籽葡萄纹正脊（陈家桅杆）[3]

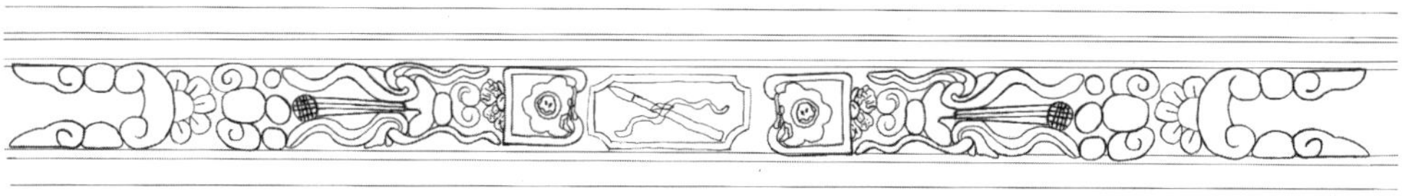

文房四宝——笔纹正脊（陈家桅杆）[4]

牡丹纹正脊（陈家桅杆）[5]

注：1. 平安吉祥　　2. 喜结连理

3. 多子多福　　4. 文人修养

5. 富贵吉祥

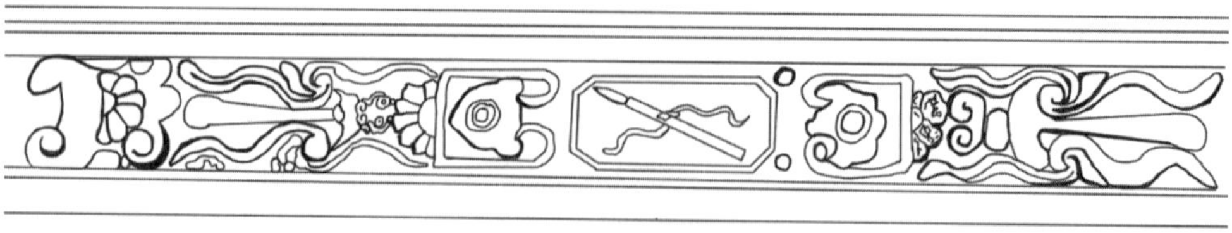

文房四宝——笔纹正脊（陈家桅杆）[1]

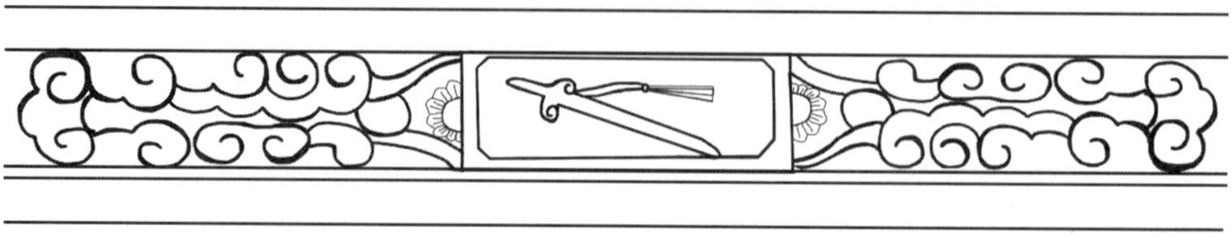

暗八仙——宝剑纹正脊（陈家桅杆）[2]

牡丹纹正脊（陈家桅杆）[3]

牡丹纹正脊（陈家桅杆）[4]

万字蝙蝠纹正脊（陈家桅杆）[5]

注：1. 文人修养

2. 喜结连理

3. 富贵吉祥

4. 富贵吉祥

5. 幸福不绝

牡丹纹正脊（德阳文庙）[1]

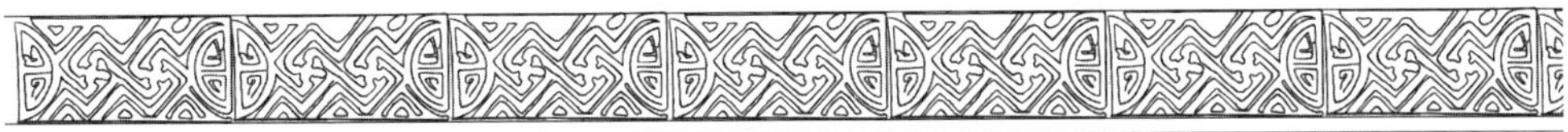

万字团寿纹正脊（德阳文庙）[2]

牡丹纹正脊（德阳文庙）[3]

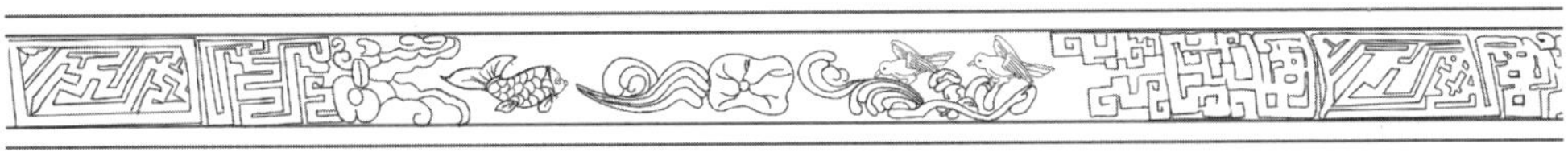

喜事纹正脊（德阳文庙万仞宫墙）[4]

双鹊筑巢纹正脊（陈家桅杆）[5]

注：1. 富贵吉祥

2. 长寿年年

3. 富贵吉祥

4. 喜事延绵

5. 喜事延绵

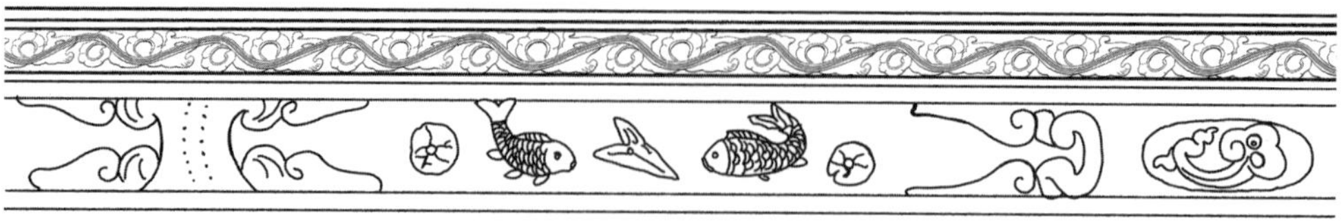

鱼唆莲纹正脊（新繁东湖）[1]

双雀筑巢纹正脊（新繁东湖）[2]

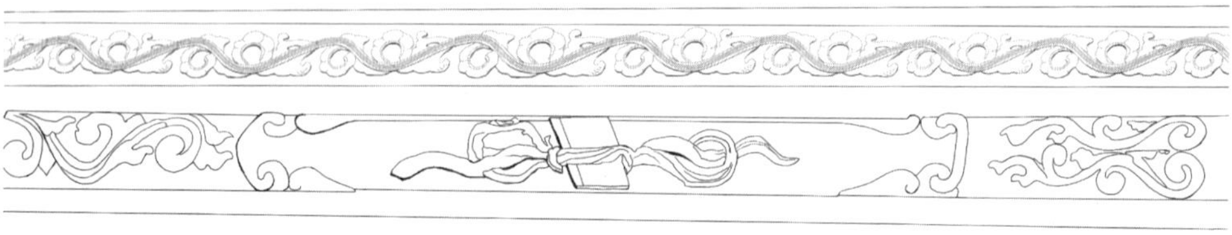

四艺——书纹正脊（新繁东湖）[3]

松鹤纹正脊（东湖）[4]

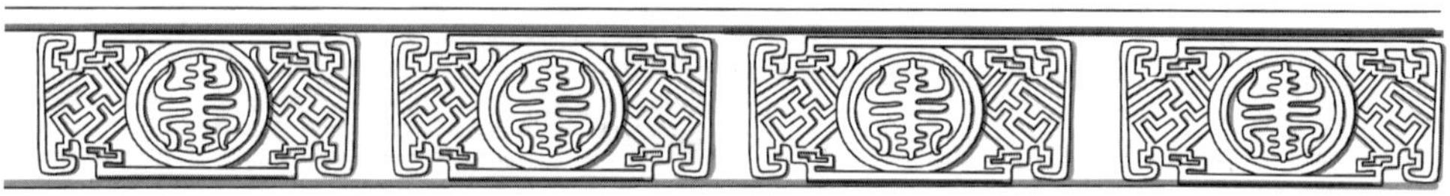

万字团寿纹正脊（段家大院）[5]

注：1. 夫妻之和，子嗣延绵

2. 夫妻之和

3. 知识广博与修养高雅

4. 长寿

5. 长寿延绵

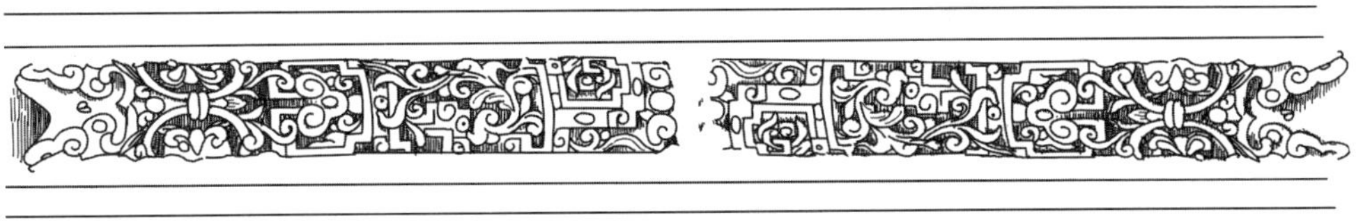

博古纹正脊（段家大院）[1]

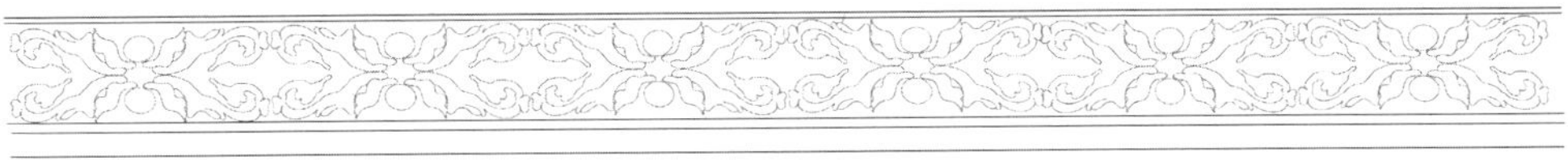

卷草纹正脊（三苏祠）[2]

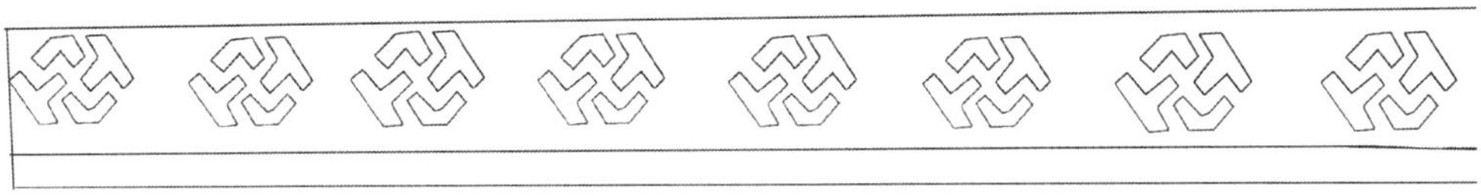

万字纹正脊（三苏祠）[3]

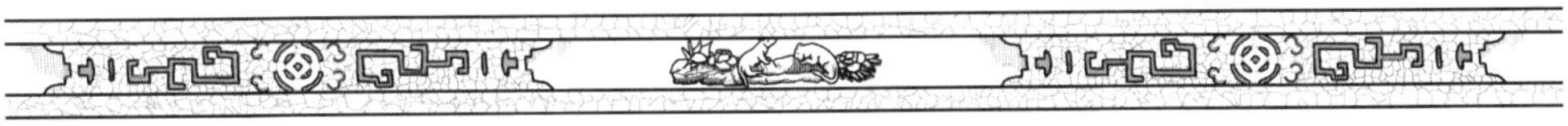

双鼠纹正脊（望江楼）[4]

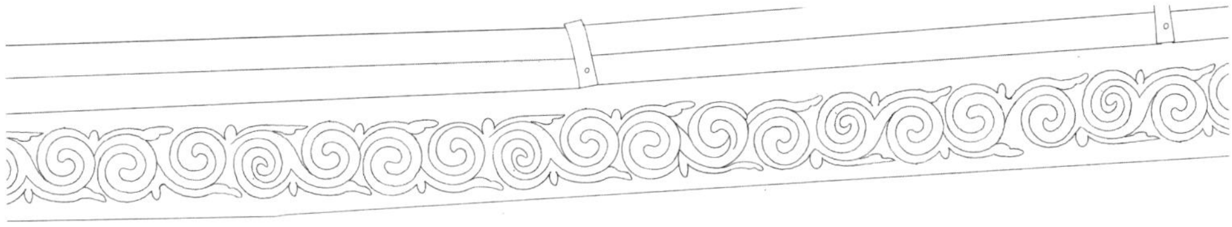

水纹正脊（三苏祠）[5]

注：1. 博古通今

2. 吉祥连连

3. 吉祥连连

4. 喜事连连，多子多福

5. 吉祥平安

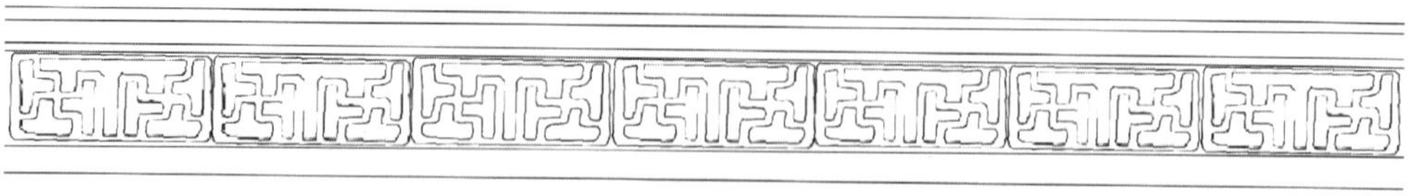

万字纹正脊（文君井）[1]

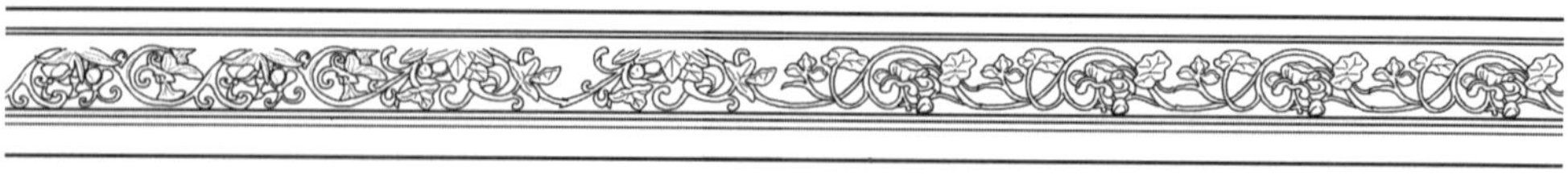

卷草纹正脊（武侯祠）[2]

瑞兽仙境纹正脊（罨画池）[3]

如意水纹正脊（罨画池）[4]

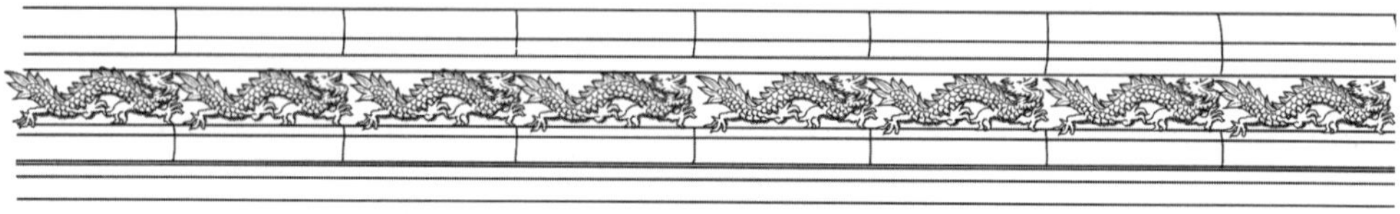

龙纹正脊装饰（陈家桅杆）[5]

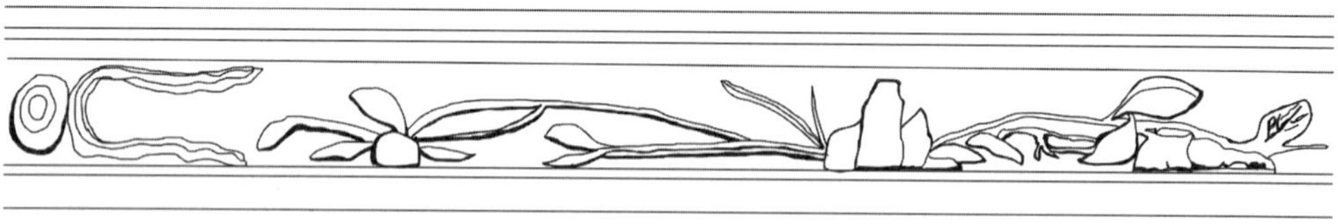

正脊装饰（陈家桅杆）[6]

注：1. 吉祥连连　　2. 吉祥连连

3. 十全十美　　4. 吉祥安定

5. 富贵延绵　　6. 无法解译

陈家桅杆正脊装饰

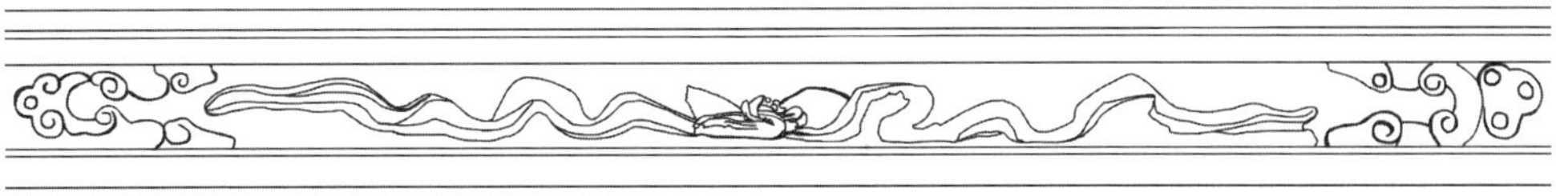

陈家桅杆正脊装饰

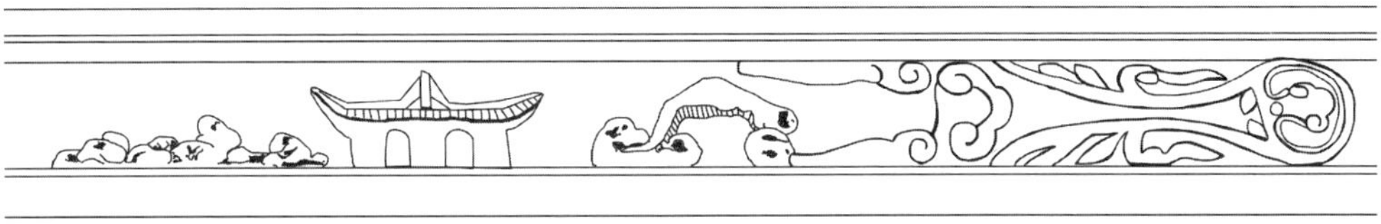

陈家桅杆正脊装饰

德阳文庙冠道古今正脊纹样

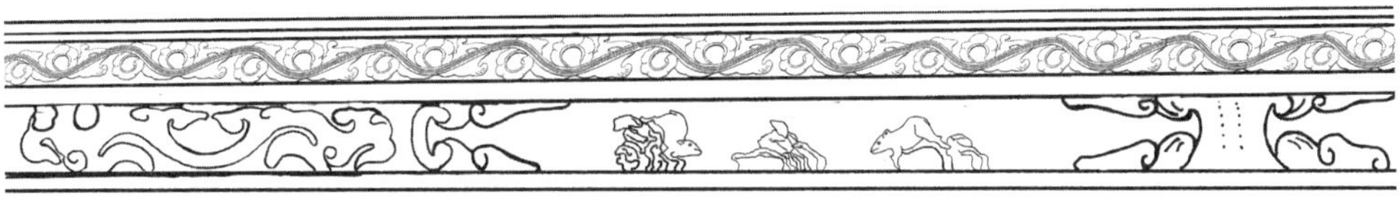

新繁东湖正脊装饰

3.3 垂脊装饰

曹国舅纹垂脊（陈家桅杆）[1]

吕洞宾纹垂脊（陈家桅杆）[2]

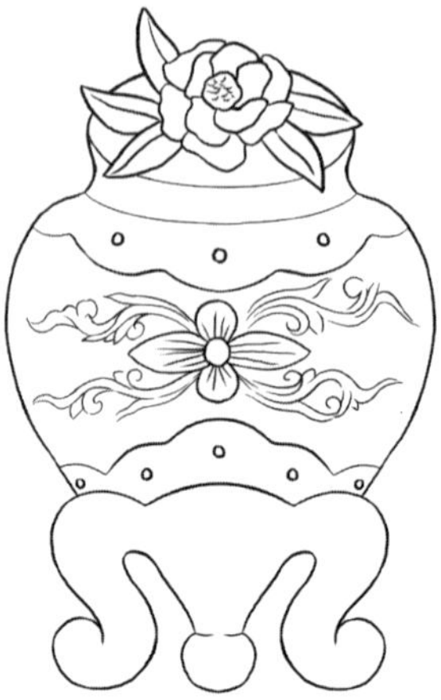

牡丹香炉纹垂脊（陈家桅杆）[3]

蝙蝠万字纹垂脊（德阳文庙）[4]

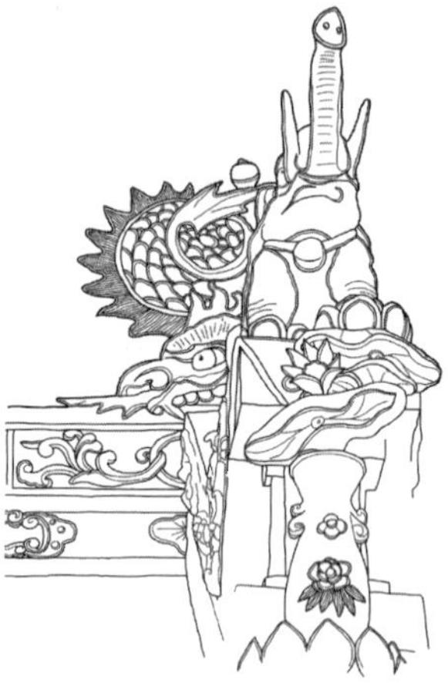

象纹垂脊（文殊院）[5]

石狮纹垂脊（武侯祠）[6]

注：1. 财富　　2. 富足，富贵

3. 财富，官禄　　4. 福气年年

5. 吉祥年年　　6. 权力与统一

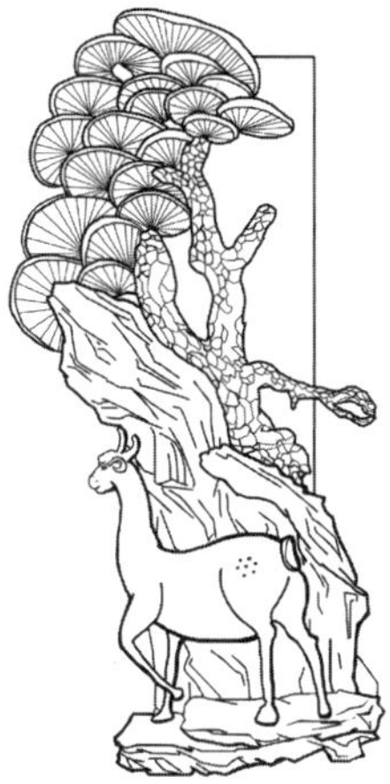

松鹿纹垂脊（新繁东湖）[1]

腾龙万字纹垂脊（德阳文庙）[2]

牡丹香炉纹垂脊（桂湖）[3]

三国人物故事纹垂脊（武侯祠）[4]

三国人物故事纹垂脊（武侯祠）[5]

注：1. 长寿，官禄（另一说“书与禄”）

2. 富贵连连

3. 福禄

4. 智慧与修养

5. 智慧与修养

3.4 正吻

水纹正吻（陈家桅杆）[1]

万字水纹正吻（陈家桅杆）[2]

水纹正吻（陈家桅杆）[3]

鸱尾纹正吻（新繁东湖咏墨轩）[4]

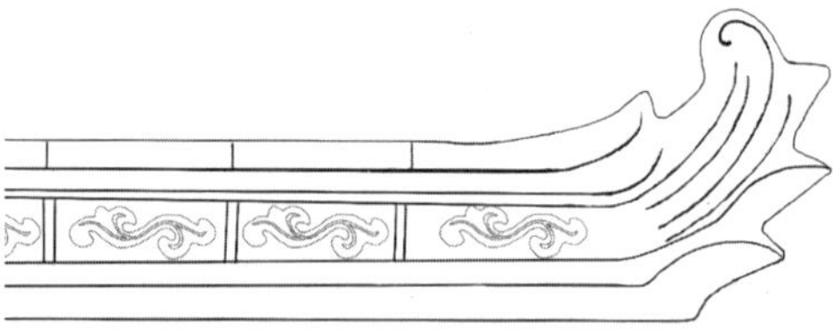

鸱尾纹正吻（新繁东湖咏墨轩）[5]

注：1. 平安
2. 平安
3. 平安
4. 平安
5. 平安

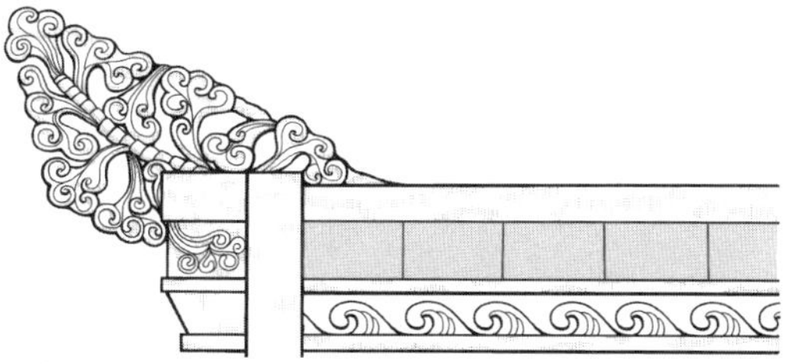

水纹正吻（望江楼）[1]

水纹正吻（水墨古镇禅寿老街）[2]

水纹正吻（杜甫草堂工部祠）[3]

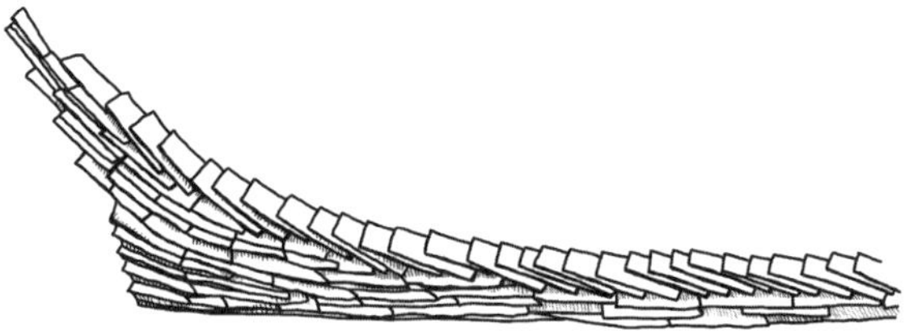

瓦作正吻（段家大院）

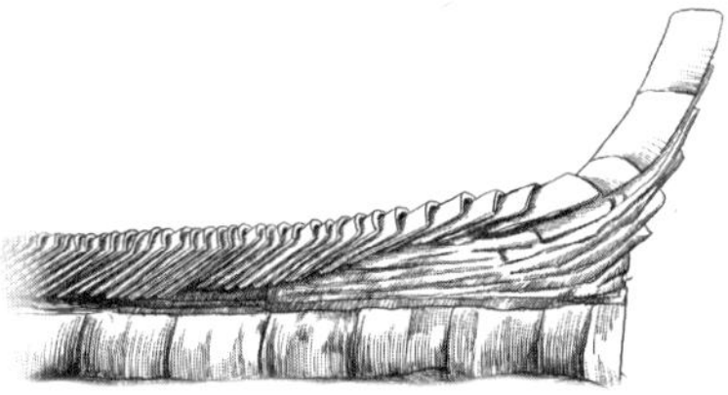

瓦作正吻（段家大院）

注：1. 平安

2. 平安

3. 平安

回字正吻（罨画池）[1]

水龙正吻（元通古镇芳洲牌坊）[2]

双龙戏水纹正吻（桂湖）[3]

水纹正吻（元通古镇黄家大院）[4]

水纹正吻（元通古镇罗家大院）[5]

注：1. 吉祥连连

2. 平安

3. 喜庆，平安

4. 平安

5. 平安

水纹镶花正吻（罨画池）[1]

水纹四方花纹正吻（罨画池）[2]

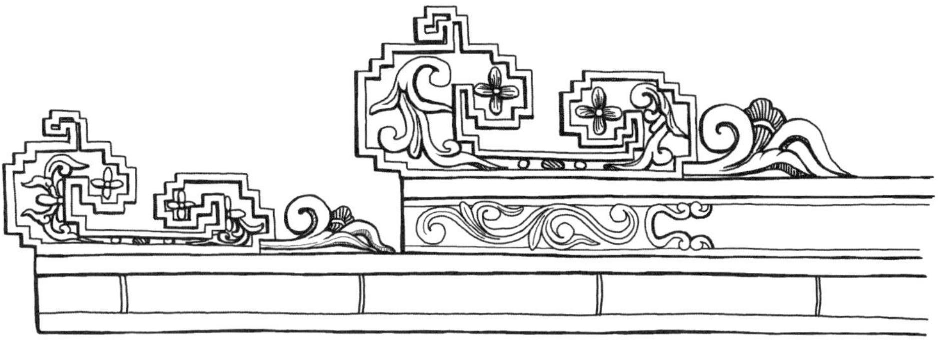

四方花正吻（罨画池）[3]

拐子花正吻（望江楼）[4]

拐子正吻（水磨古镇禅寿老街）[5]

注：1. 富贵平安

2. 平安富贵

3. 平安富贵

4. 富贵年年

5. 富贵年年

卷草水纹正吻（元通古镇黄家宗祠）[1]

水纹正吻与戗脊（罨画池）[2]

如意水纹正吻（元通古镇黄家宗祠）[3]

注：1. 平安连连　　2. 平安　　3. 平安

鸱吻（陈家桅杆后院东门）[1]

团寿鸱吻（陈家桅杆忠孝祠堂）[2]

鸱吻（元通古镇广东会馆）[3]

鸱吻（元通古镇黄家大院）[4]

鸱吻（陈家桅杆）[5]

鸱吻（陈家桅杆正门）[6]

注：1. 平安　　2. 长寿平安

3. 平安　　4. 平安

5. 平安　　6. 平安

3.5　飞檐

水龙纹飞檐（德阳文庙）[1]

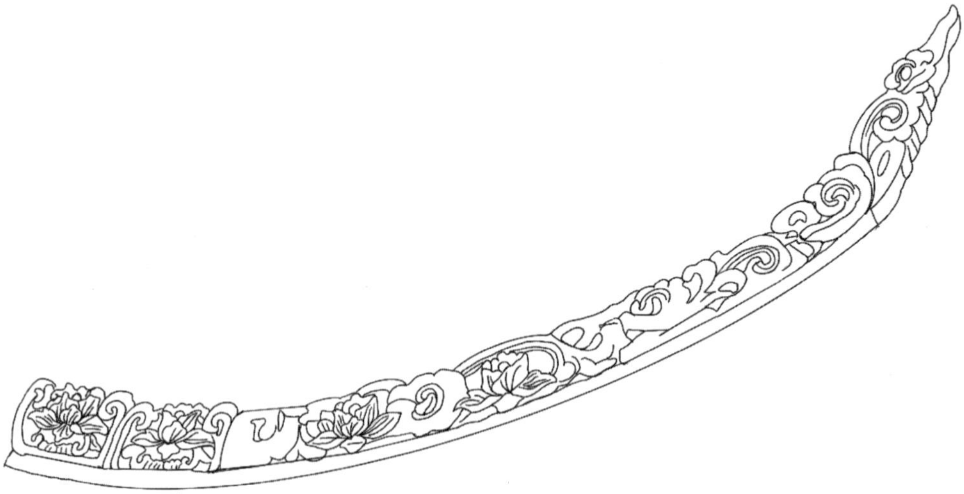

牡丹水纹飞檐（德阳文庙）[2]

注：1. 平安，富贵　　2. 平安，富贵

水龙纹飞檐（德阳文庙）[1]

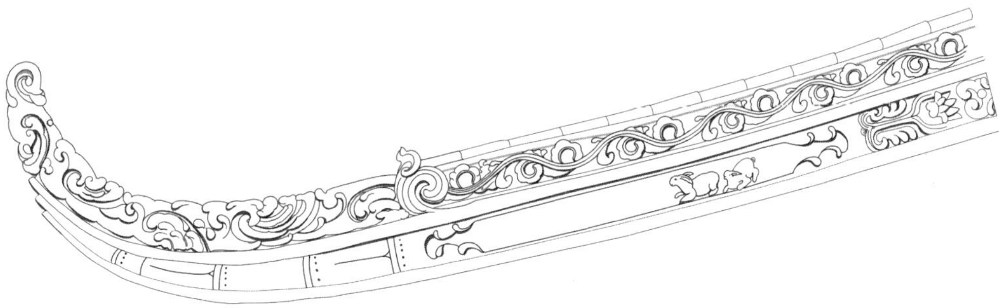

水龙纹飞檐（新繁东湖）[2]

水龙纹飞檐（桂湖）[3]

注：1. 平安，富贵　　2. 平安

3. 平安，富贵

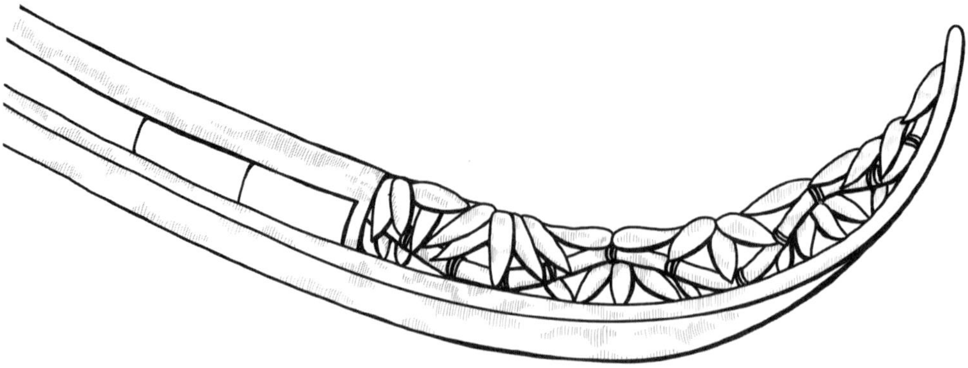

竹纹飞檐（望江楼）[1]

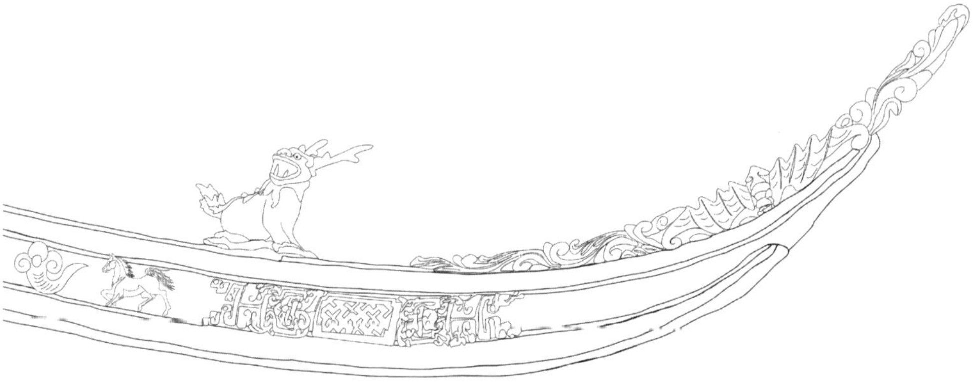

麒麟、蝙蝠水纹飞檐（水磨古镇禅寿老街）[2]

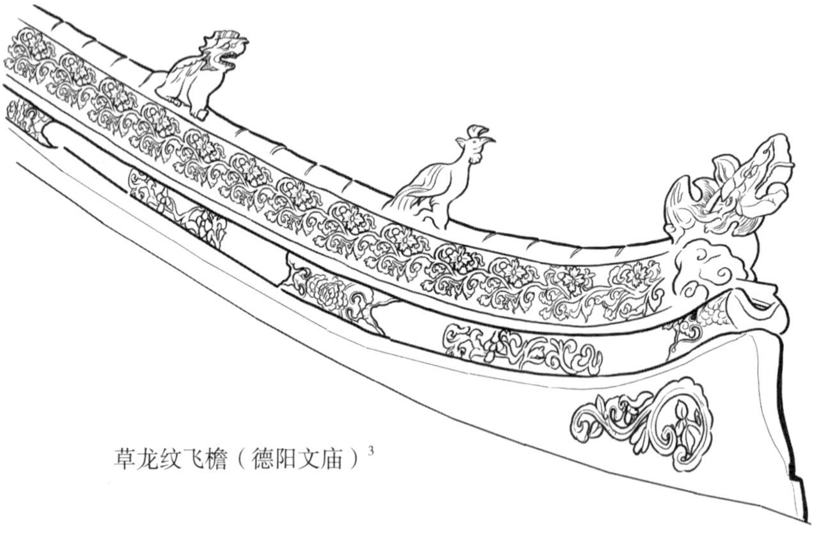

草龙纹飞檐（德阳文庙）[3]

注：1. 平安　　2. 平安，幸福　　3. 平安，富贵，幸福年年

如意水龙纹飞檐（罨画池）[1]

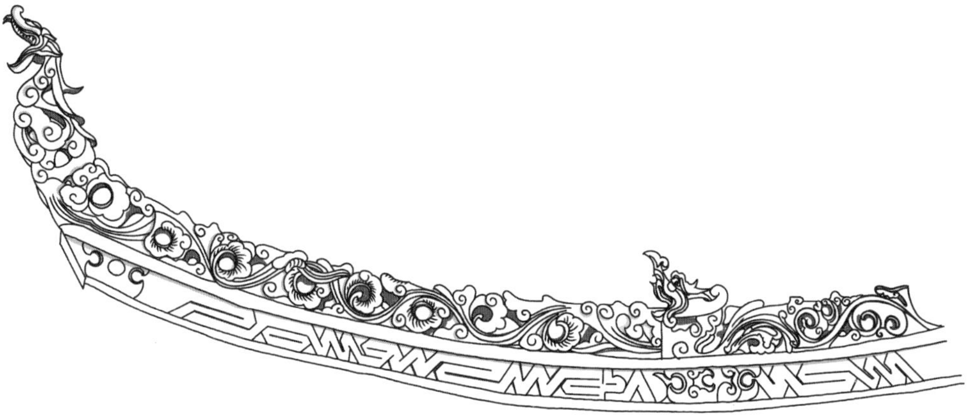

水龙纹飞檐（德阳文庙）[2]

草龙纹飞檐（德阳文庙）[3]

注：1. 平安，富贵　　2. 平安，富贵，幸福年年

3. 平安，富贵，幸福年年

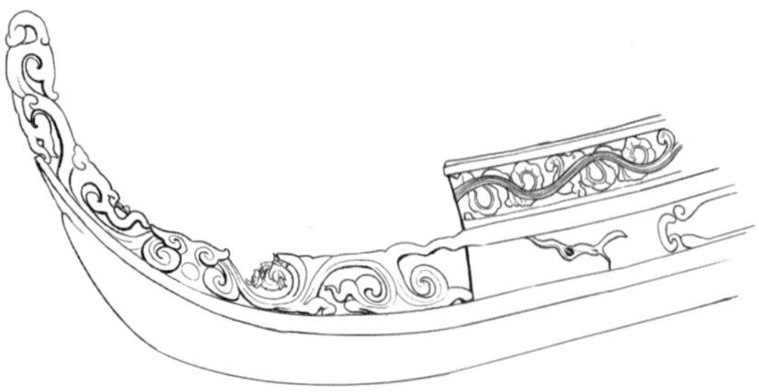

水纹飞檐（桂湖）[1]

水龙回字纹飞檐（桂湖）[2]

龙头鸱尾纹飞檐（宜宾流杯池）[3]

龙首飞檐（宜宾流杯池）[4]

龙首飞檐（宜宾流杯池）[5]

注：1. 平安

2. 平安连连，富贵连连

3. 平安富贵

3. 平安富贵

3. 平安富贵

回字纹飞檐（水磨古镇禅寿老街）[1]

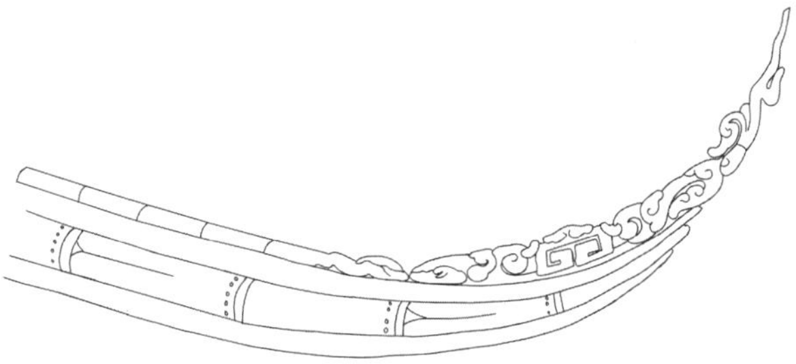

水纹回字纹飞檐（罨画池）[2]

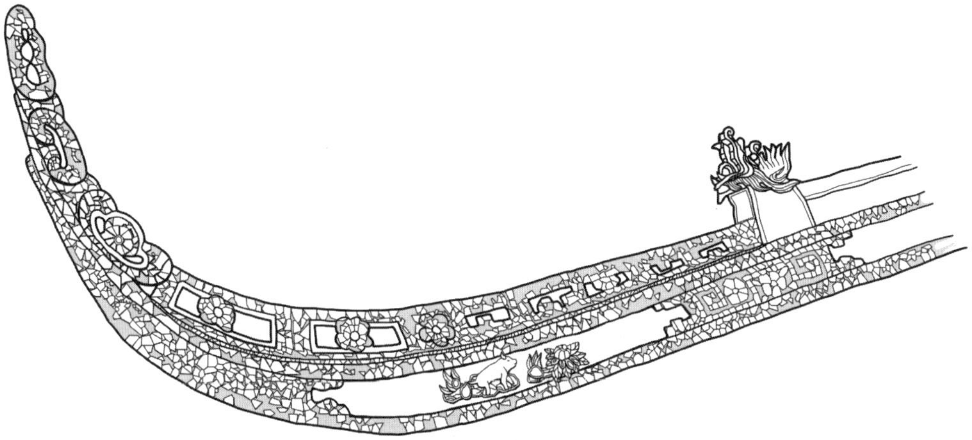

龙首水纹飞檐（望江楼）[3]

回字如意水纹飞檐（罨画池）[4]

注：1. 吉祥年年

2. 平安

3. 平安富贵

4. 平安富贵

葡萄纹飞檐（元通古镇雁江桥）[1]

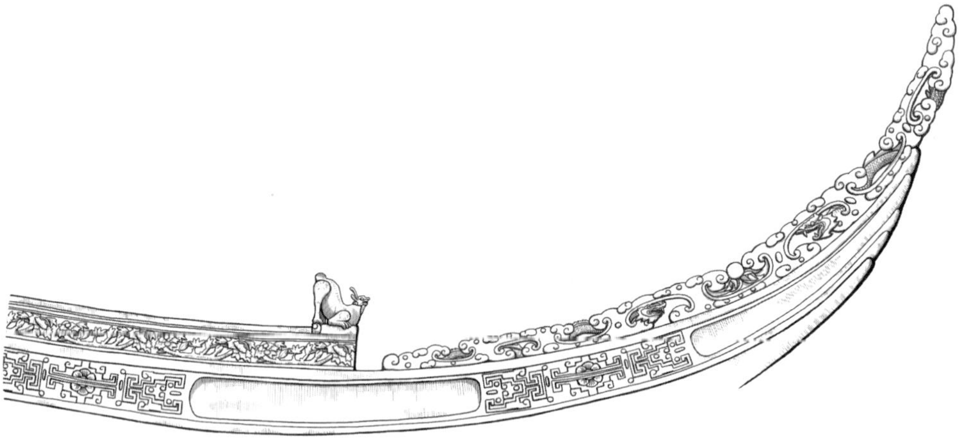

如意水纹飞檐（元通古镇黄家宗祠）[3]

如意水龙纹飞檐（文殊院大雄宝殿）[1]

注：1. 多子多福　　2. 富贵平安　　3. 平安，富贵，幸福年年

3.6　瓦当、滴水

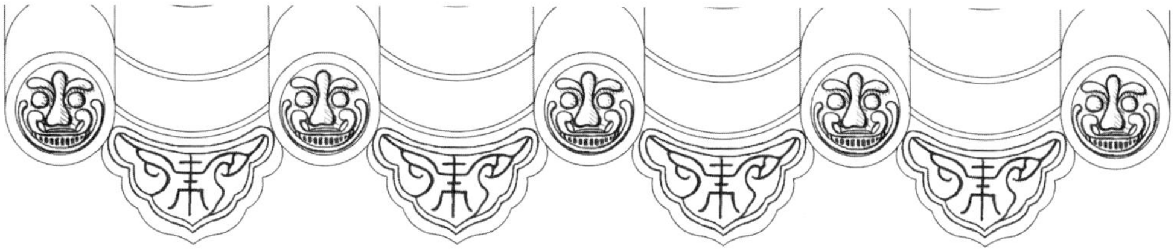

蝴纹滴水和兽面瓦当（陈家桅杆）[1]

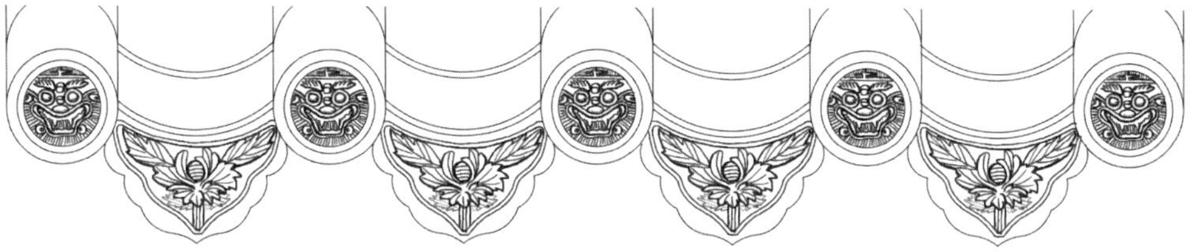

兽面瓦当和牡丹纹滴水（陈家桅杆）[2]

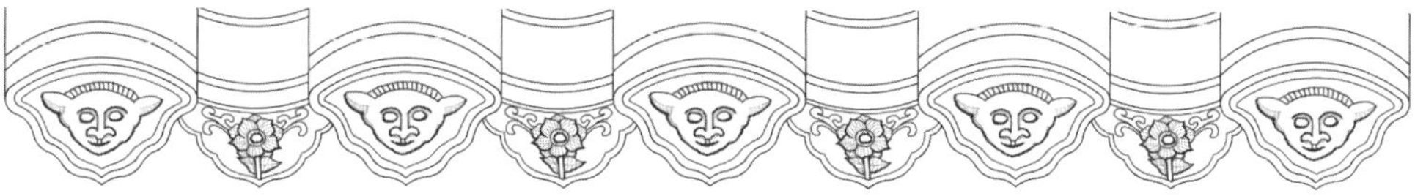

兽面瓦当和牡丹纹滴水（杜甫草堂）[3]

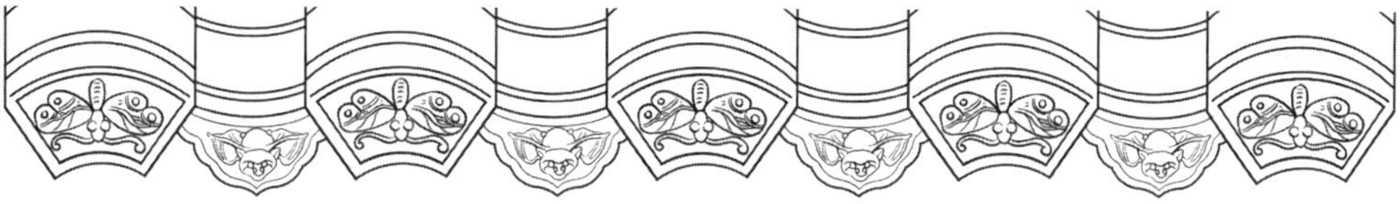

蝙蝠纹滴水和蜻蜓瓦当（段家大院）[4]

春字滴水与兽面瓦当（罨画池）[5]

注：1. 福寿双全　　2. 福寿双全，富贵吉祥

3. 富贵吉祥，长寿吉祥　　4. 幸福吉祥，青云直上

5. 福寿双全

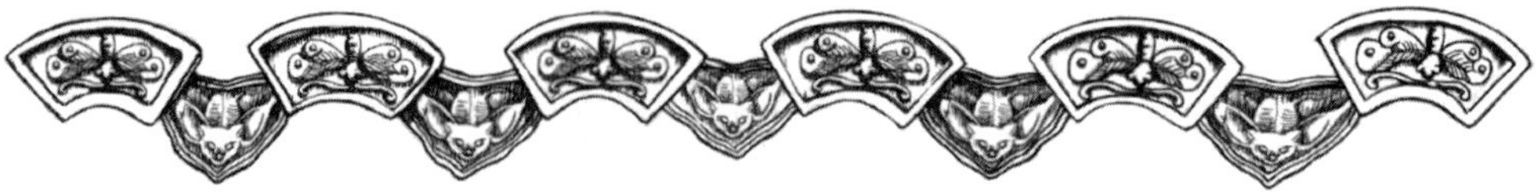

蝙蝠纹滴水和蜻蜓瓦当（段家大院）[1]

麒麟滴水与兽面瓦当（罨画池月拨亭）[2]

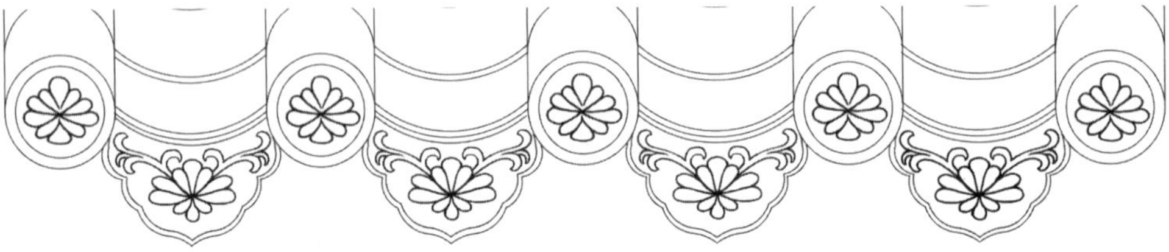

花纹瓦当和花纹滴水（罨画池正门）[3]

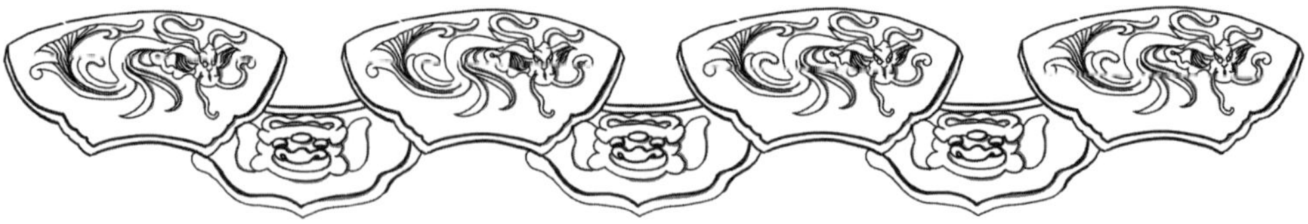

兽纹滴水和草龙纹瓦当（元通古镇黄家宗祠）[4]

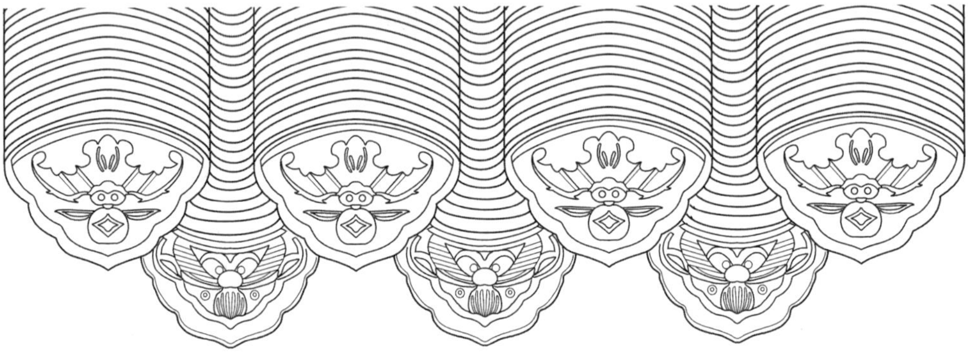

蝴蝶滴水和钱眼蝠纹瓦当（文殊院）[5]

注：1. 幸福吉祥，青云直上
2. 富贵长寿
3. 富贵
4. 富贵长寿
5. 福在眼前

3.7 悬鱼

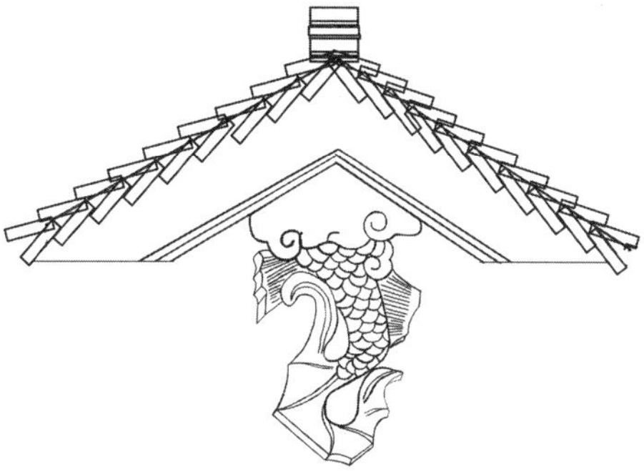

鱼尾悬鱼（陈家桅杆）[1]

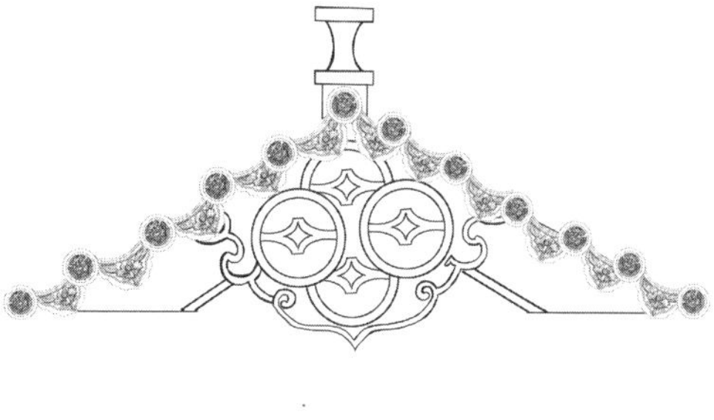

铜钱纹悬鱼（陈家桅杆）[2]

蝙蝠铜钱纹悬鱼（陈家桅杆）[3]

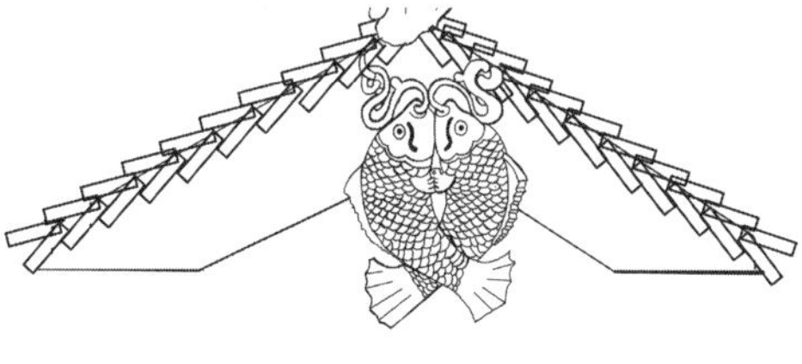

双鱼纹悬鱼（陈家桅杆）[4]

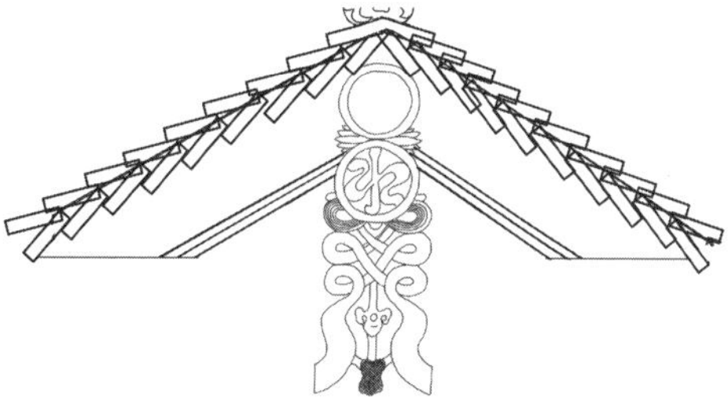

水纹悬鱼（陈家桅杆）[5]

注：1. 平安　2. 富贵　3. 福在眼前
4. 喜庆　5. 平安

3.8 撑弓

缠枝龙纹撑弓（陈家桅杆）[1]

驳（神兽）纹撑弓（陈家桅杆）[2]

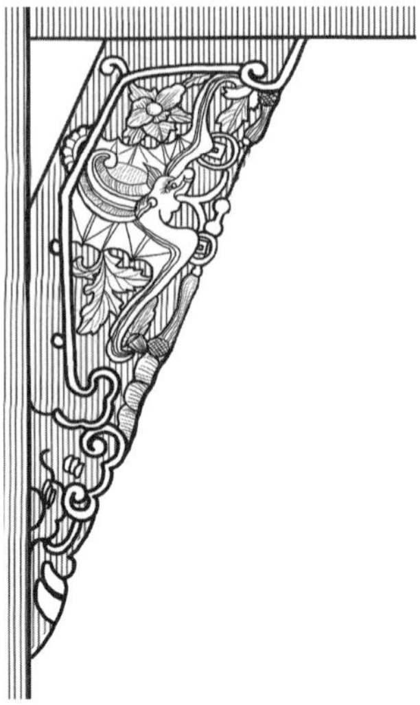

蝙蝠纹撑弓（陈家桅杆）[3]

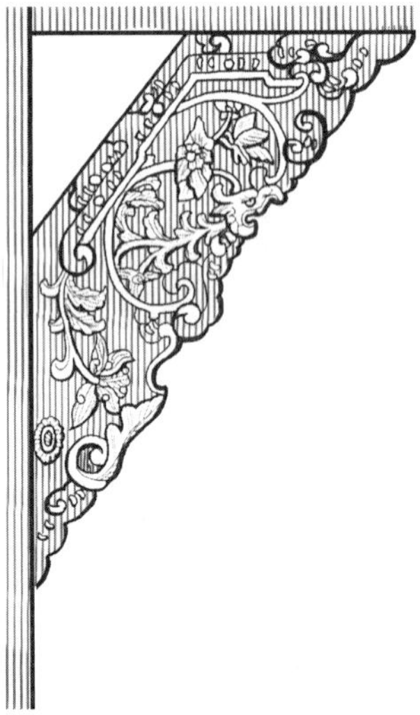

缠枝龙纹撑弓（陈家桅杆）[4]

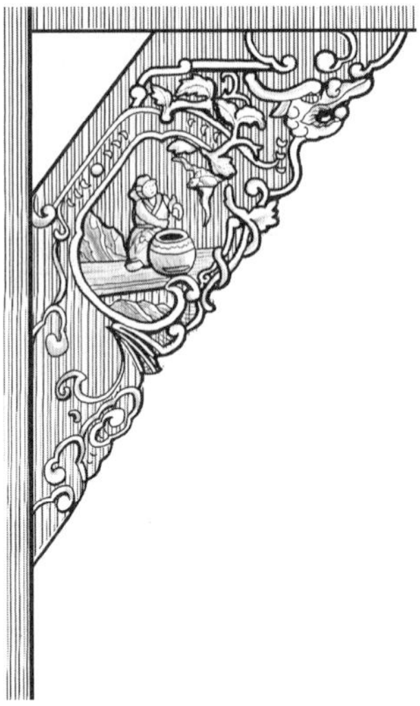

迎蝠拿蝠纹撑弓（陈家桅杆）[5]

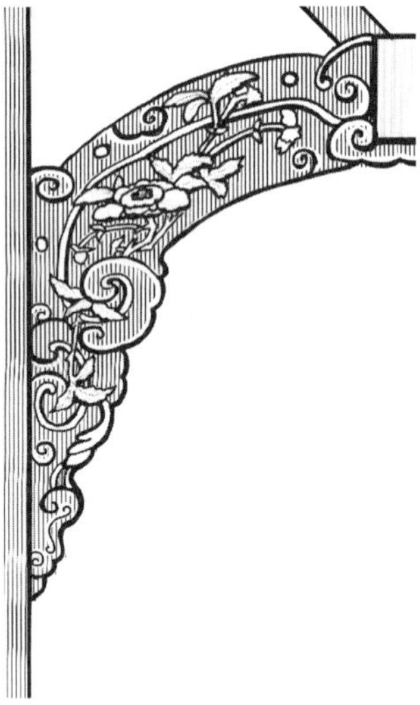

如意缠枝纹撑弓（陈家桅杆）[6]

注：1. 富贵延绵　2. 驱邪平安

3. 幸福　4. 富贵延绵

5. 迎福纳祥　6. 吉祥延绵

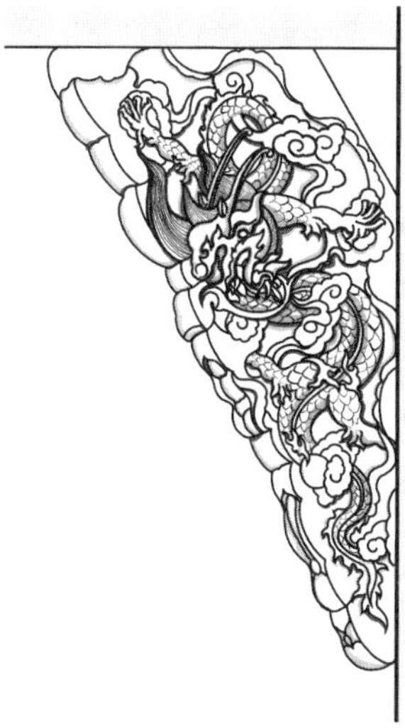

龙纹撑弓（德阳文庙）[1]

麒麟纹撑弓（德阳文庙）[2]

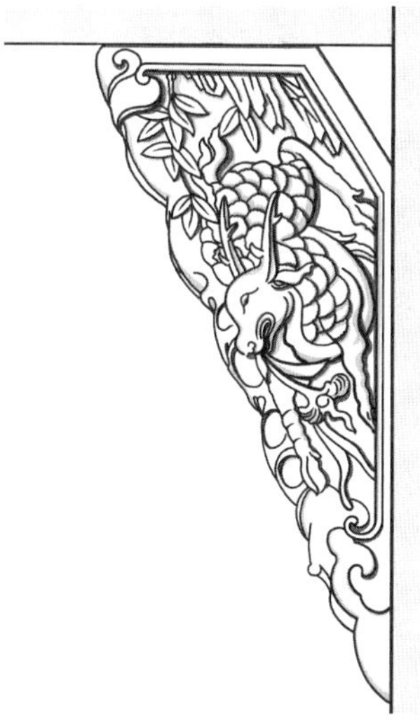

夔牛纹撑弓（德阳文庙）[3]

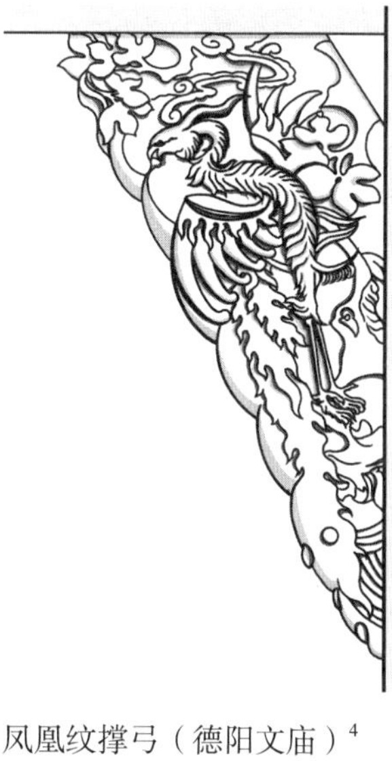

凤凰纹撑弓（德阳文庙）[4]

狮子纹撑弓（德阳文庙）[5]

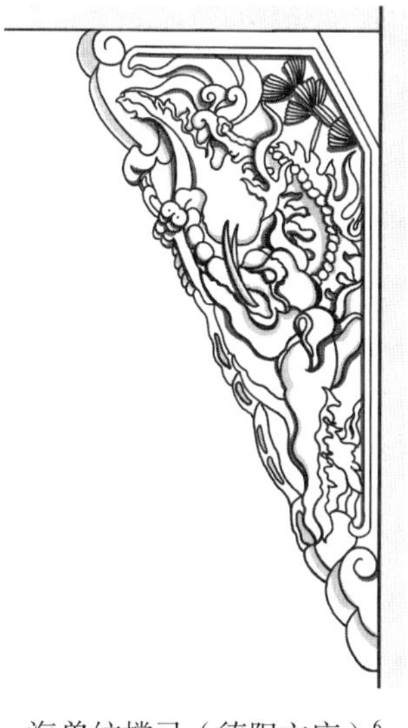

海兽纹撑弓（德阳文庙）[6]

注：1. 吉祥富贵，吉利　　2. 贤德修养

3. 驱邪平安　　4. 华贵吉利

5. 平安吉利　　6. 平安，四海升平

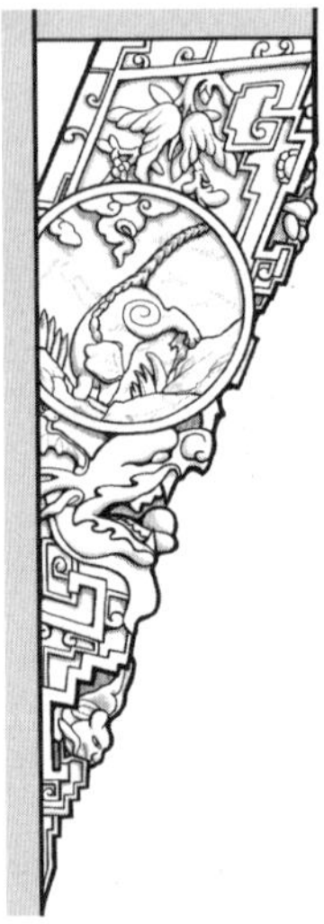

虎纹撑弓（新繁东湖）[1]

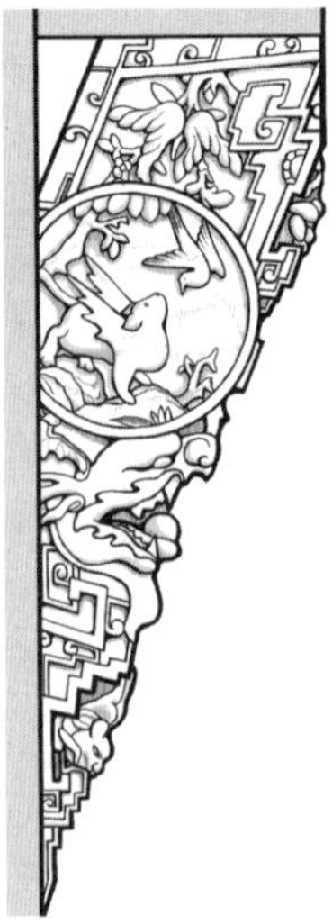

喜鹊英招纹撑弓（新繁东湖）[2]

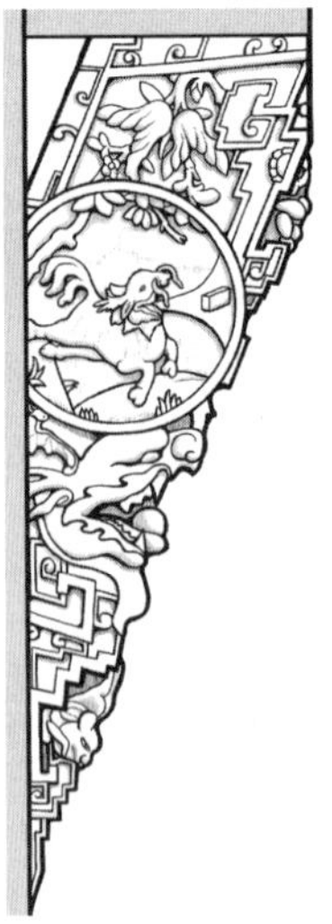

麒麟吐书纹撑弓（新繁东湖）[3]

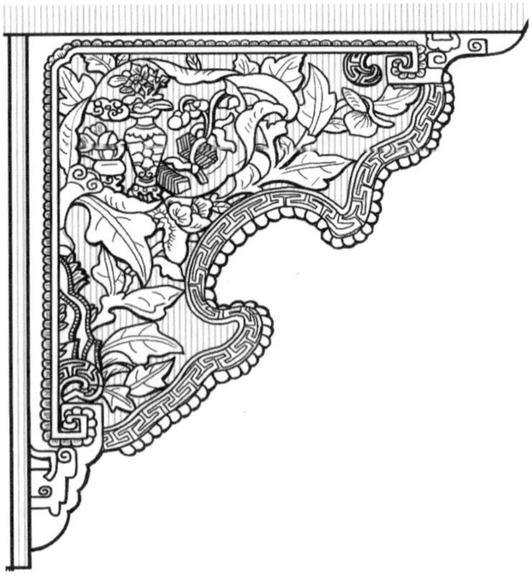

蝙蝠纹撑弓（新繁东湖）[4]

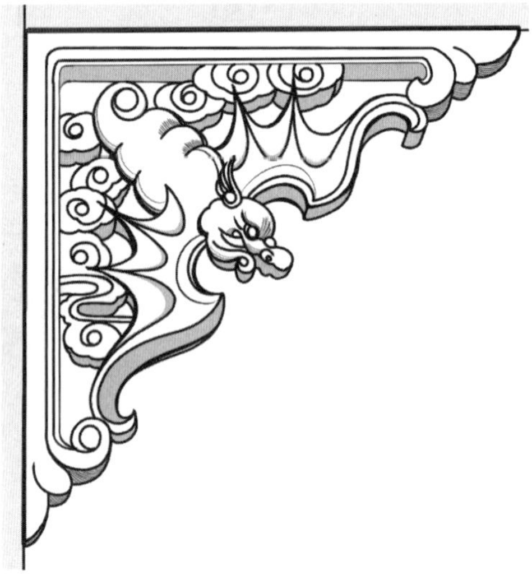

牡丹宝瓶纹撑弓（段家大院）[5]

注：1. 驱邪平安

2. 招喜

3. 望子成才

4. 幸福

5. 富贵平安

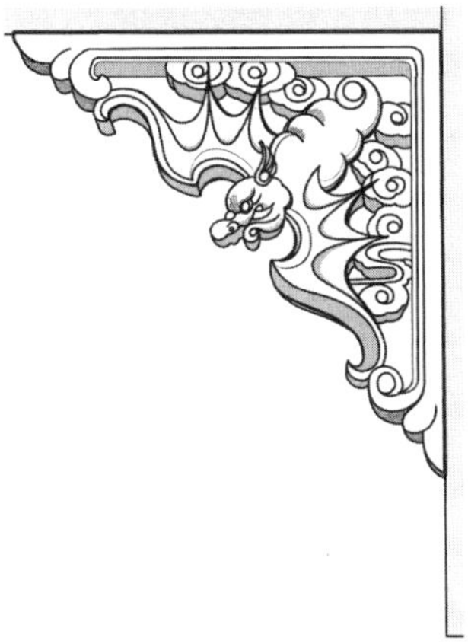

书纹撑弓（文君井）[1]

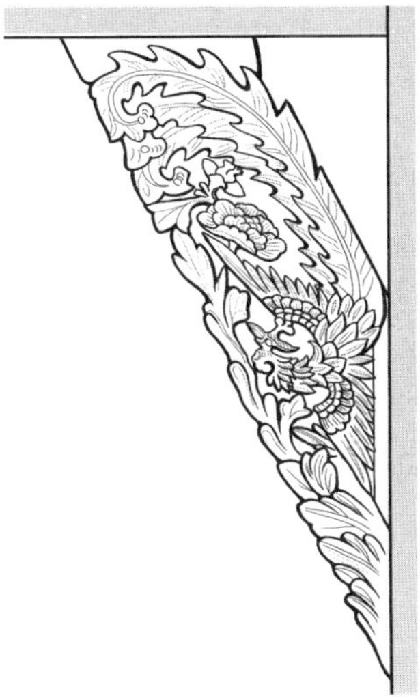

凤凰纹撑弓（文君井）[2]

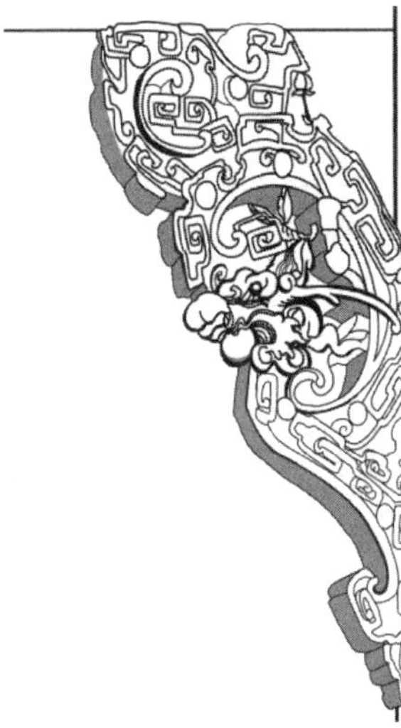

拐子龙纹撑弓（文君井）[3]

莲花纹撑弓（文君井）[4]

石榴纹撑弓（文君井）[5]

注：1. 知识广博与修养高雅

2. 华贵吉利

3. 富贵延绵

4. 修养高雅

5. 多子多福

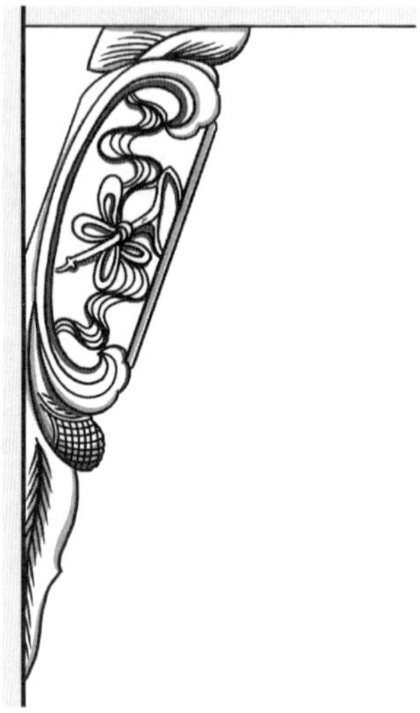

勺子纹撑弓（文君井）[1]

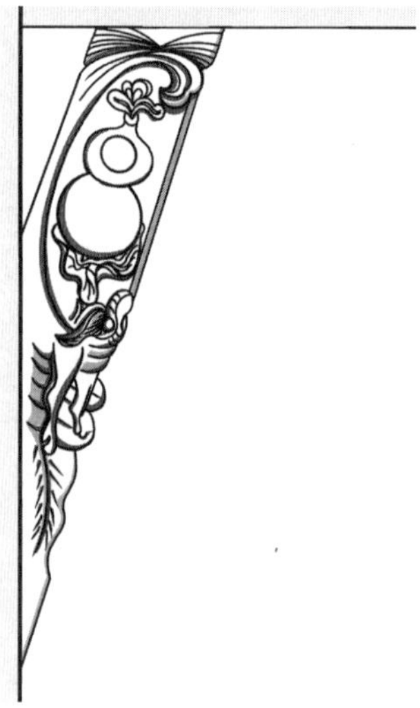

葫芦纹撑弓（文君井）[2]

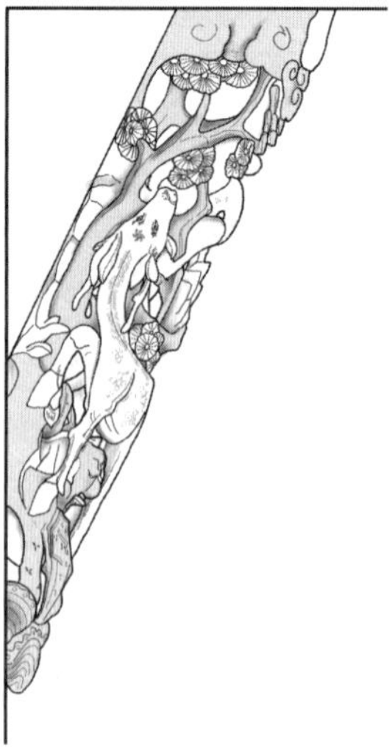

松鹿纹撑弓（武侯祠）[3]

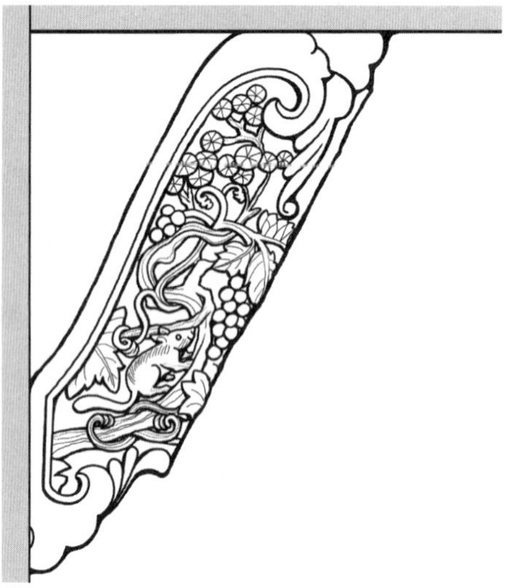

老鼠葡萄纹撑弓（文君井）[4]

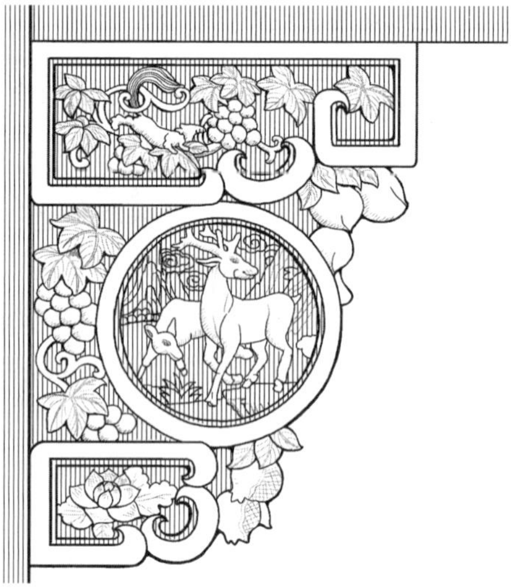

双鹿纹撑弓（元通古镇广东会馆）[5]

注：1. 同甘共苦，家庭和睦

2. 幸福

3. 长寿，官禄

4. 多子多福

5. 家庭和睦

仙人纹撑弓（望江楼）[1]

仙人纹撑弓（望江楼）[2]

仙人纹撑弓（望江楼）[3]

仙人纹撑弓（望江楼）[4]

仙人纹撑弓（望江楼）[5]

注：1. 十全十美　2. 十全十美　3. 十全十美

4. 十全十美　5. 十全十美

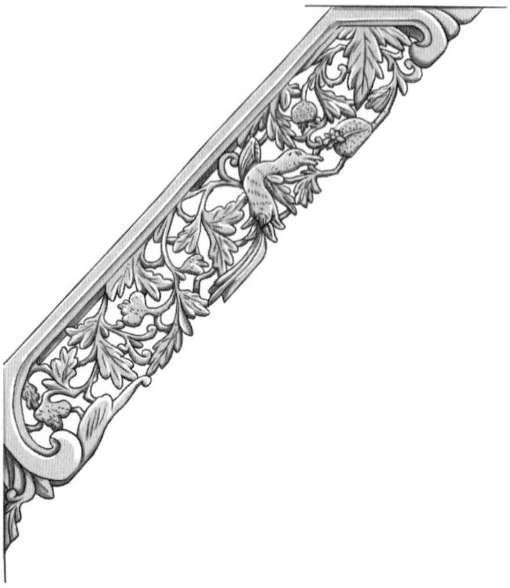

喜上眉梢纹撑弓（罨画池）[1]

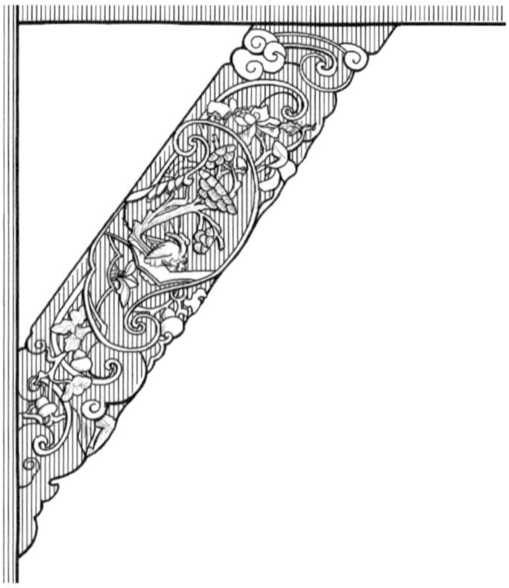

缠枝纹撑弓（元通古镇女贞馆）[2]

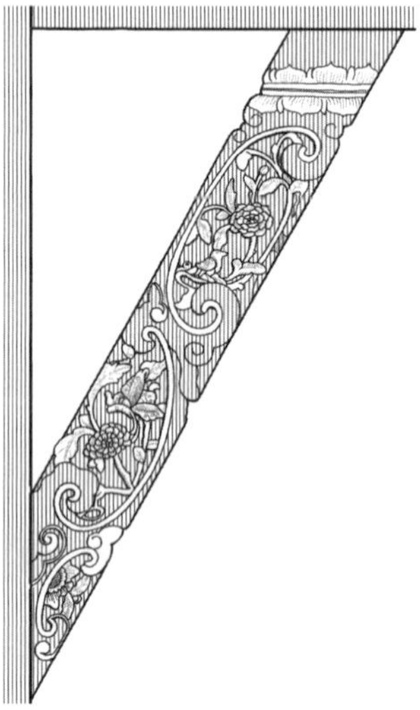

缠枝纹撑弓（元通古镇女贞馆）[3]

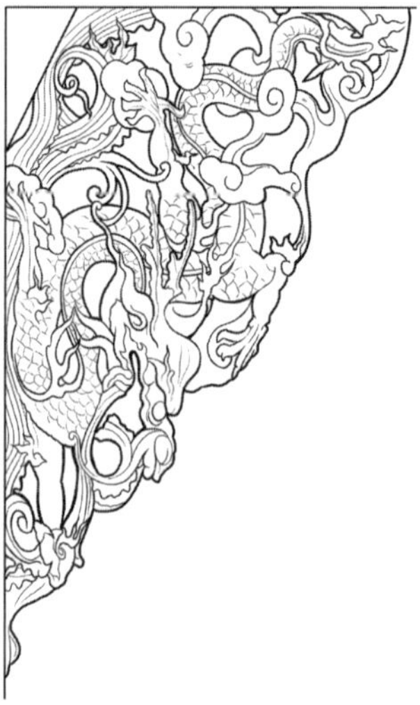

狮子纹撑弓（德阳文庙）[4]

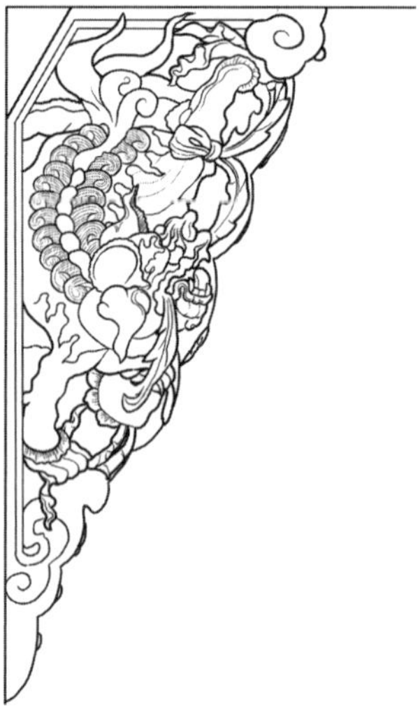

龙纹撑弓（德阳文庙）[5]

注：1. 喜上眉梢

2. 吉祥延绵

3. 吉祥延绵

4. 平安吉利

5. 吉祥富贵，吉利

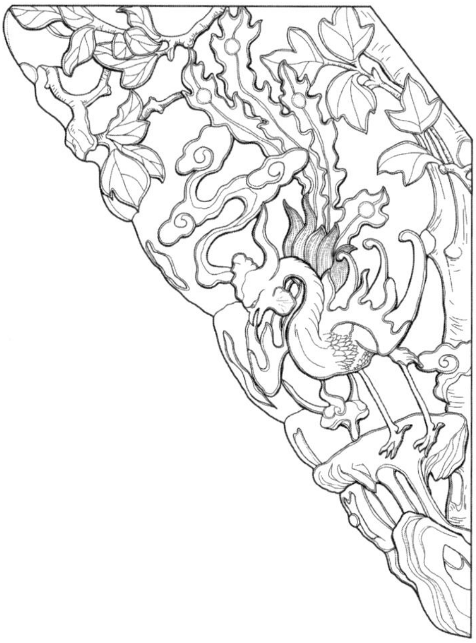

凤纹撑弓（德阳文庙）[1]

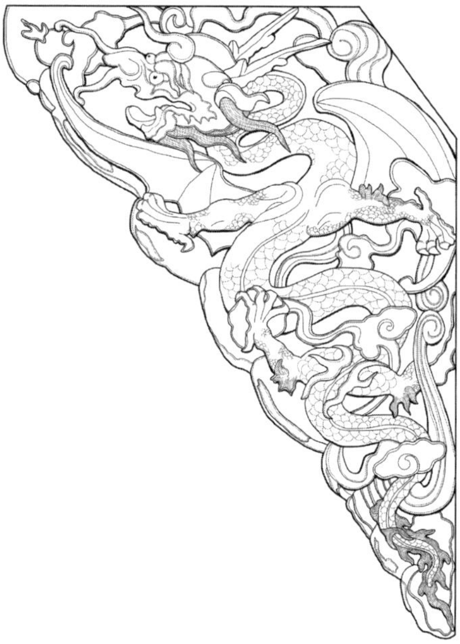

龙纹撑弓（德阳文庙）[2]

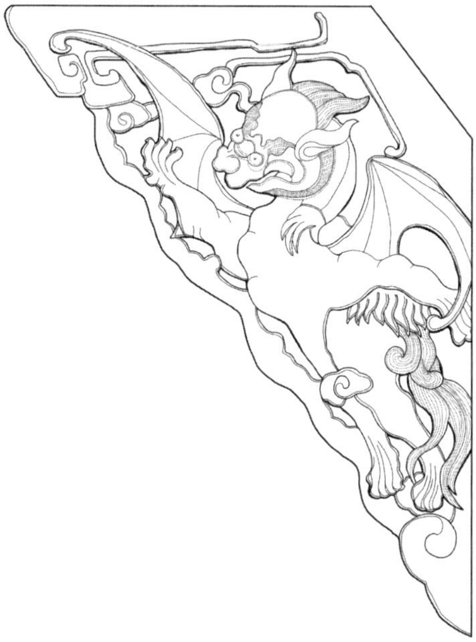

英招撑弓（德阳文庙）[3]

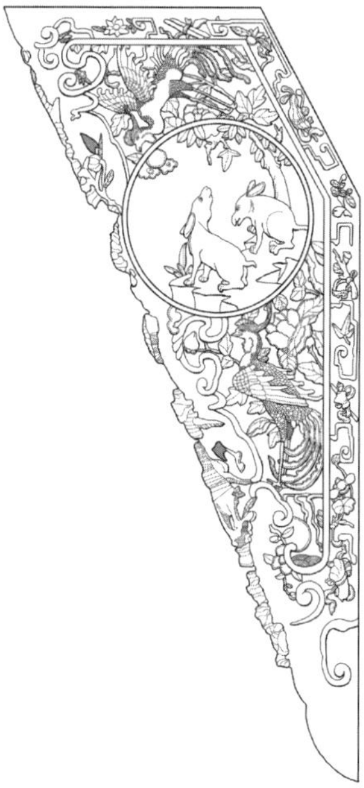

双兔纹撑弓（桂湖）[4]

注：1. 华贵吉利　　2. 吉祥富贵，吉利

3. 招喜平安　　4. 喜得贵子

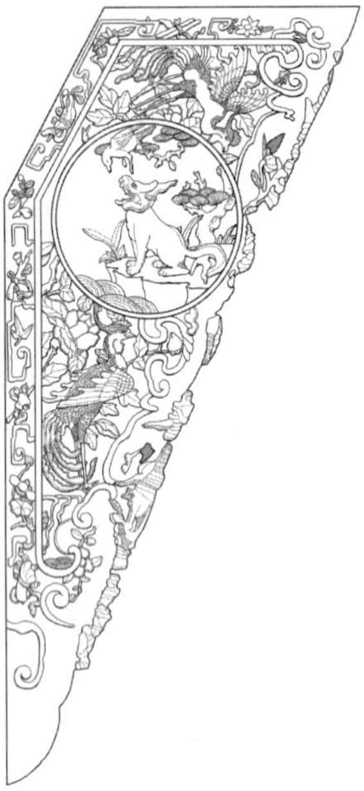

麒麟望喜纹撑弓（桂湖）[1]

蝠鹿兽喜鹊纹撑弓（桂湖）[2]

吐水麒麟撑弓（桂湖）[3]

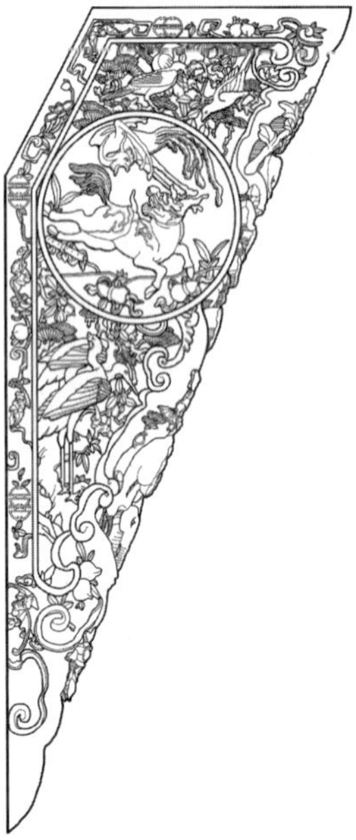

麒麟凤凰纹撑弓（桂湖）[4]

三世同堂纹撑弓（桂湖）[5]

注：1. 富贵望喜　2. 福禄寿喜　3. 富贵平安

4. 富贵双全　5. 三世同堂

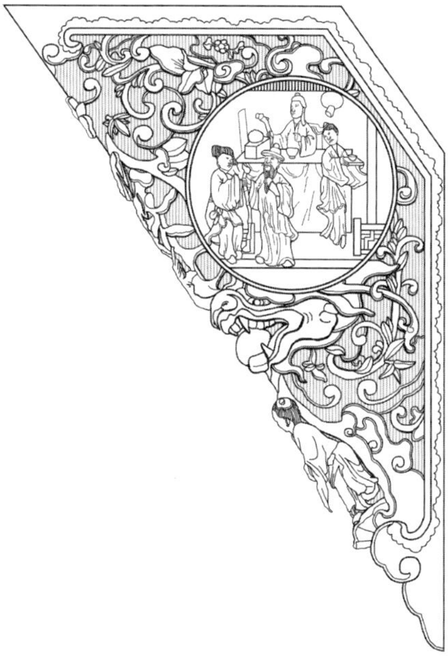

度林英纹撑弓（桂湖）[1]

群英会纹撑弓（桂湖）[2]

五子登科撑弓（桂湖）[3]

仙童赐福纹撑弓（桂湖）[4]

注：1. 夫妻之和　　2. 文人修养

3. 教子有方，世代为官　　4. 幸福

3.9 雀替

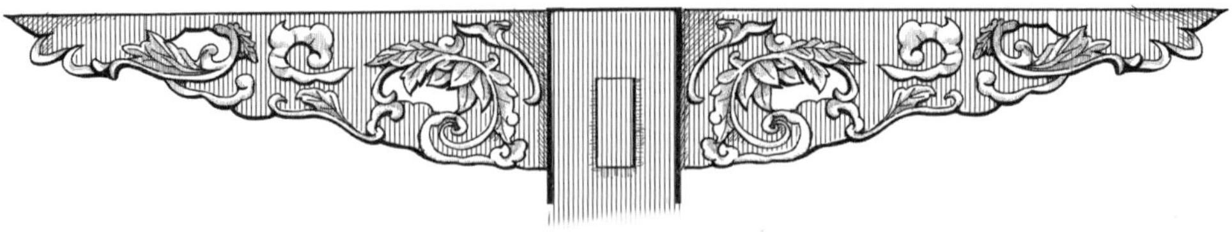

缠枝纹雀替（陈家桅杆）[1]

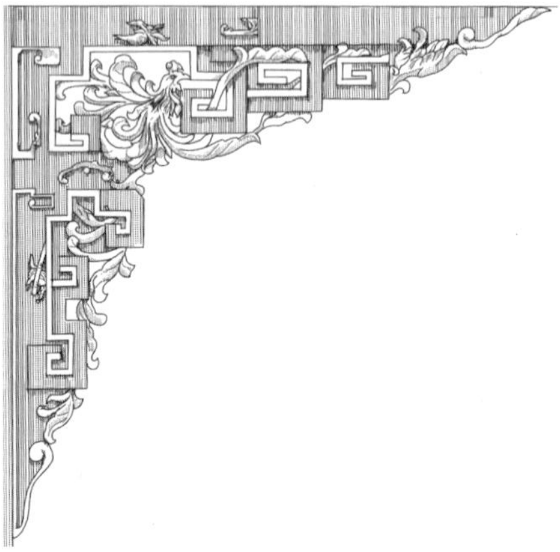

草凤回字纹雀替（陈家桅杆）[2]

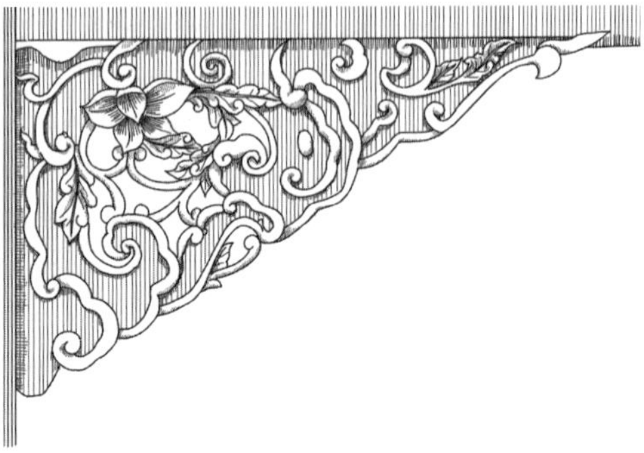

缠枝纹雀替（陈家桅杆）[3]

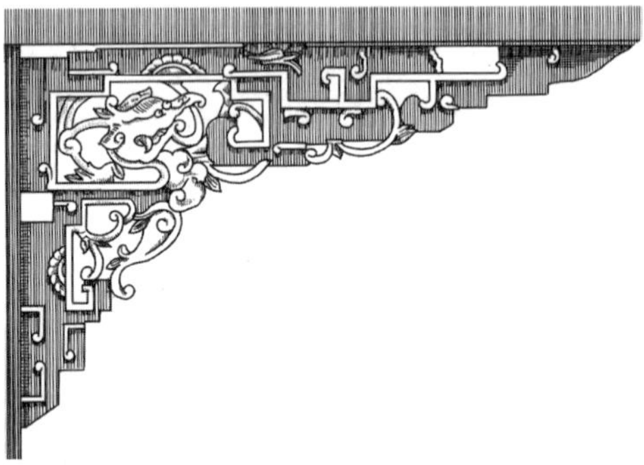

拐子龙纹雀替（陈家桅杆）[4]

龙纹雀替（温江文庙）[5]

注：1. 吉祥延绵

2. 华贵延绵

3. 吉祥延绵

4. 富贵延绵

5. 地位崇高

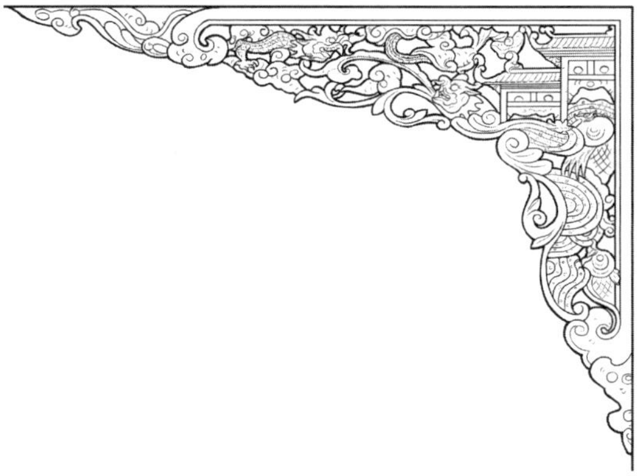

龙啸天际纹雀替（德阳文庙）[1]

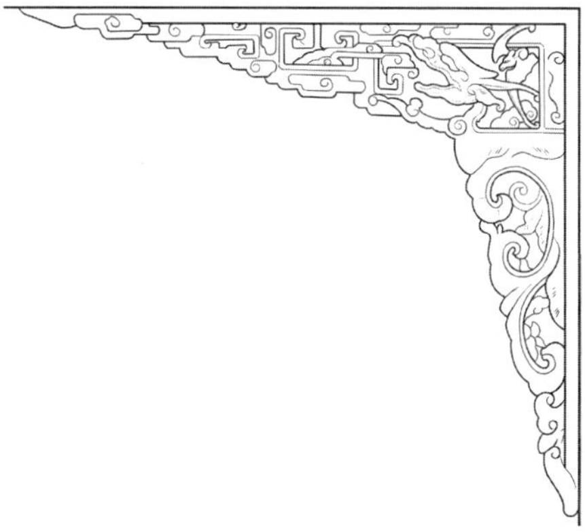

拐子龙纹雀替（德阳文庙）[2]

凤栖于桐纹雀替（德阳文庙）[3]

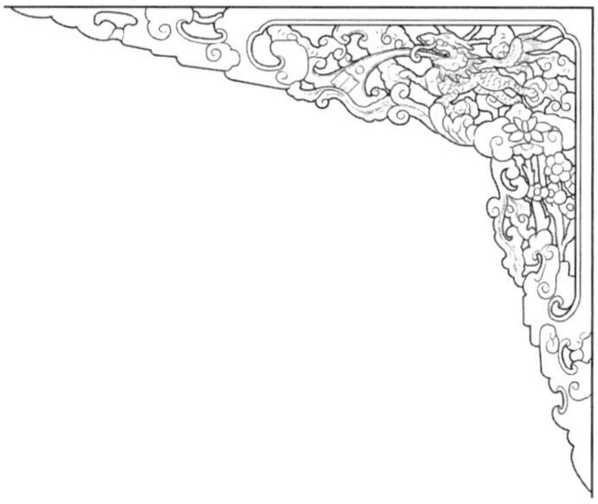

麒麟吐书纹雀替（德阳文庙）[4]

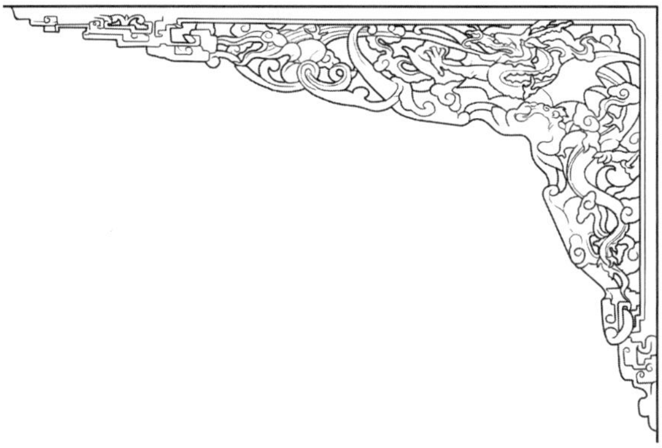

龙纹雀替（德阳文庙）[5]

凤凰纹雀替（德阳文庙）[6]

注：1. 加官晋爵，官禄亨通　　2. 富贵延绵

3. 幸福和谐　　4. 望子成才

5. 富贵　　6. 华贵

财神纹雀替（三苏祠）[1]

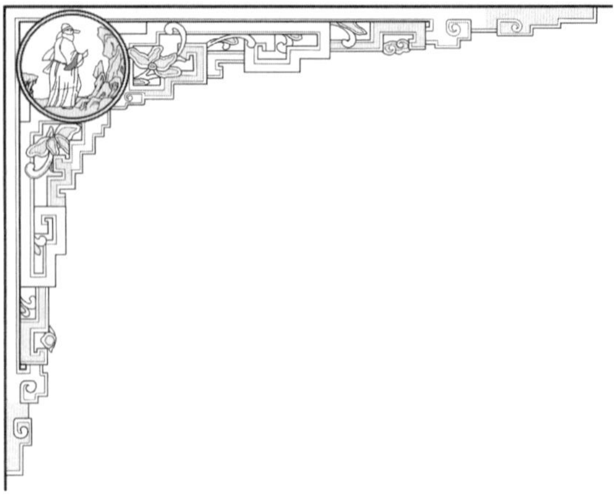

文人风雅韵事纹雀替（望江楼）[2]

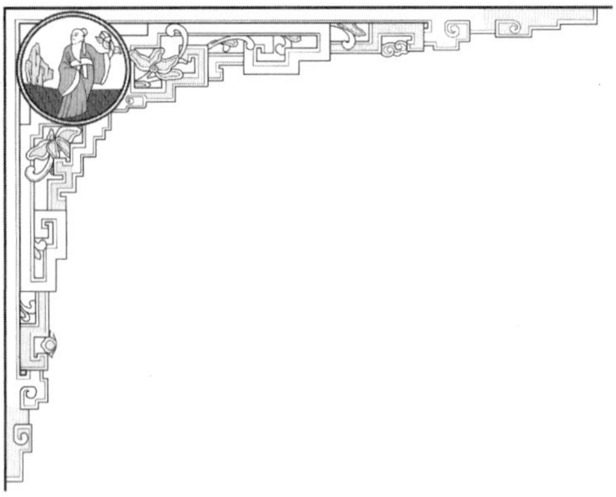

文人风雅韵事纹雀替（望江楼）[3]

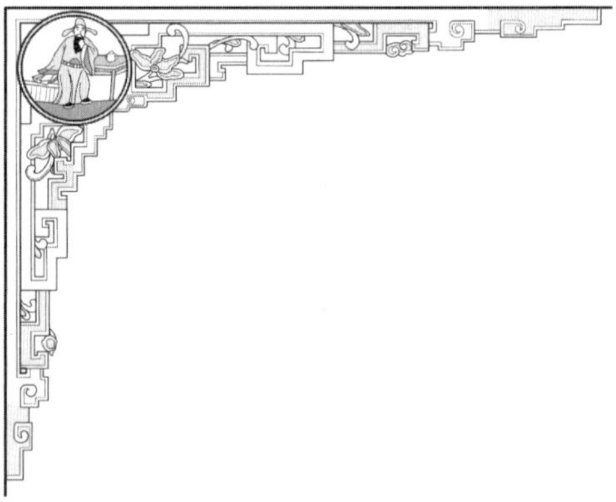

文人风雅韵事纹雀替（望江楼）[4]

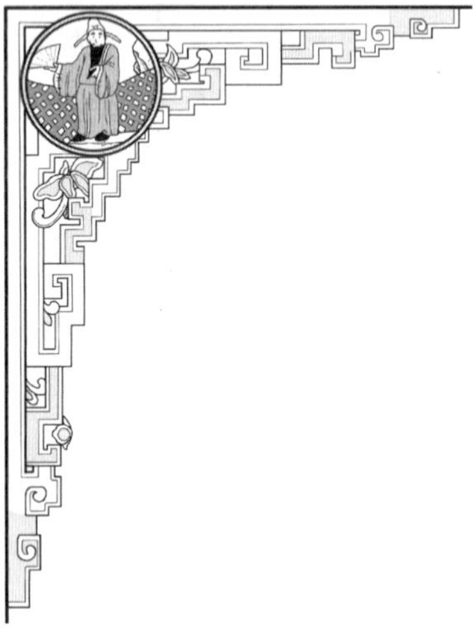

文人风雅韵事纹雀替（望江楼）[5]

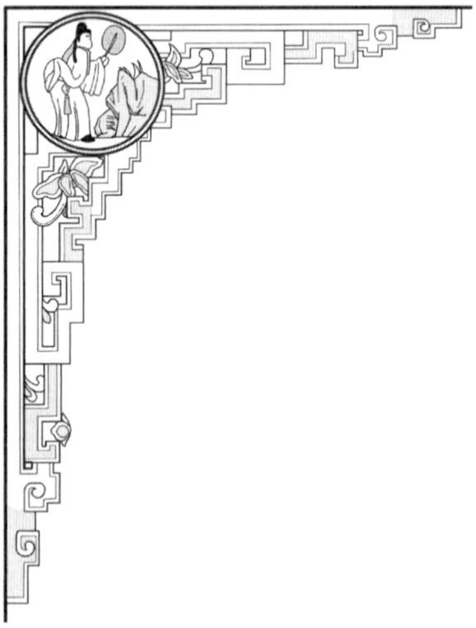

文人风雅韵事纹雀替（望江楼）[6]

注：1. 财富　　2. 文人修养　　3. 文人修养

4. 文人修养　　5. 文人修养　　6. 文人修养

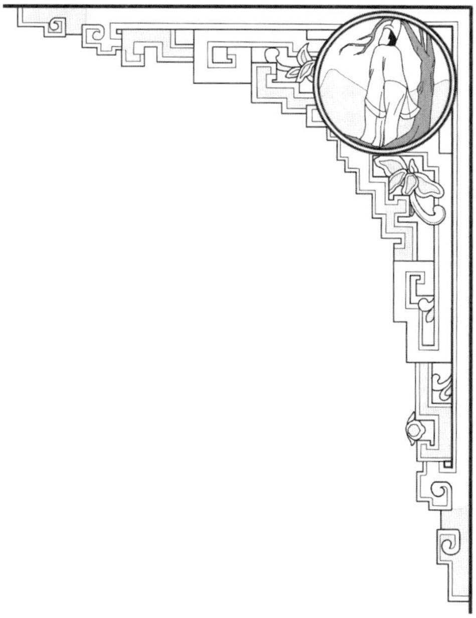

文人风雅韵事纹雀替（望江楼）[1]

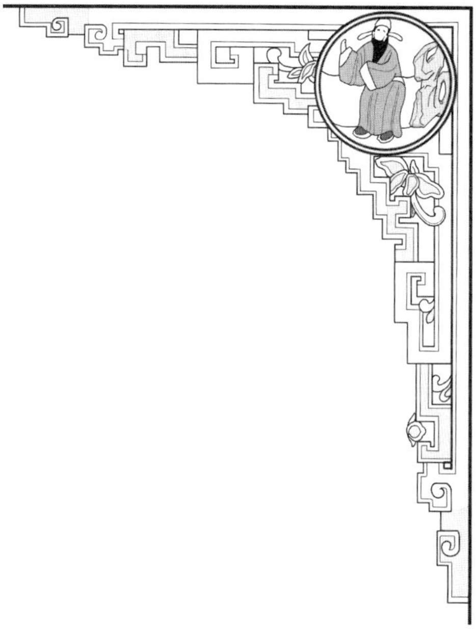

文人风雅韵事纹雀替（望江楼）[2]

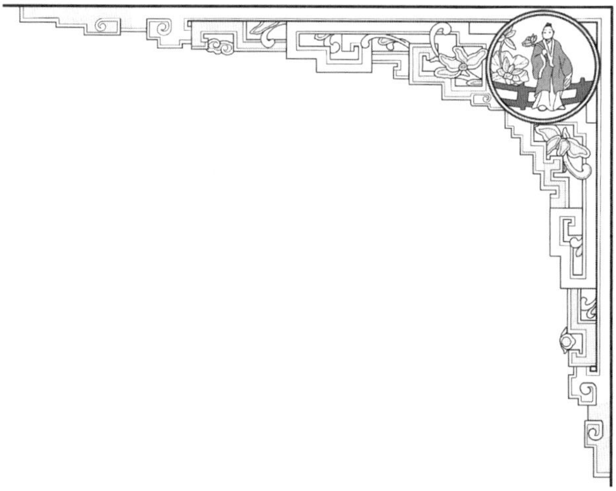

文人风雅韵事纹雀替（望江楼）[3]

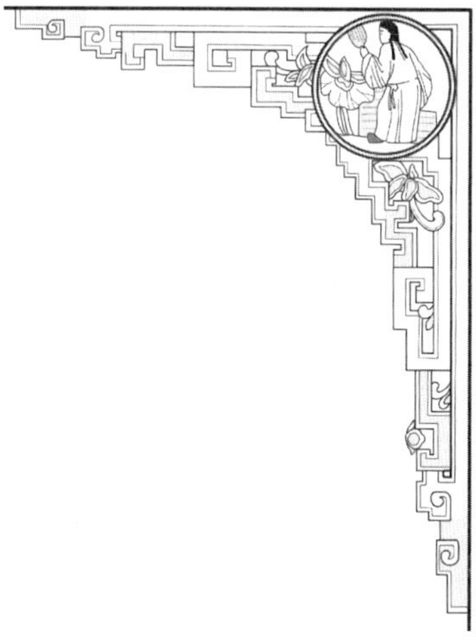

文人风雅韵事纹雀替（望江楼）[4]

注：1. 文人修养　　2. 文人修养
　　3. 文人修养　　4. 文人修养

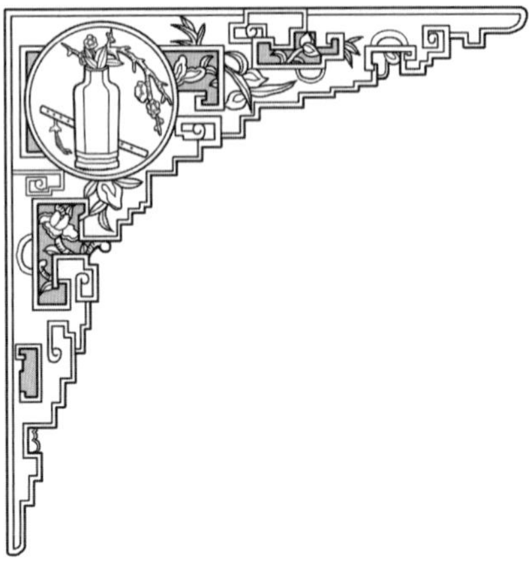

博古纹雀替（望江楼）[1]

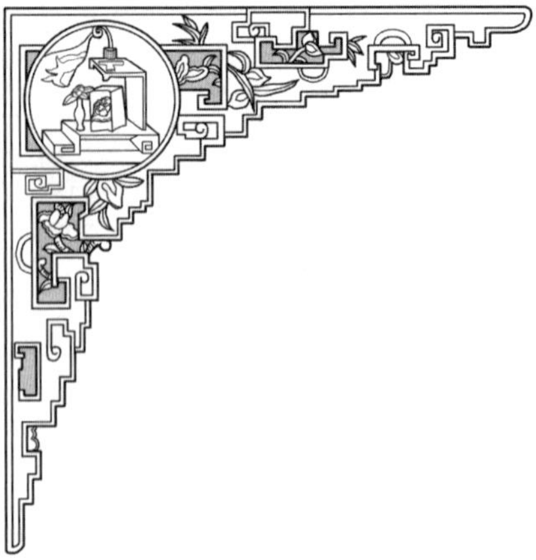

博古纹雀替（望江楼）[2]

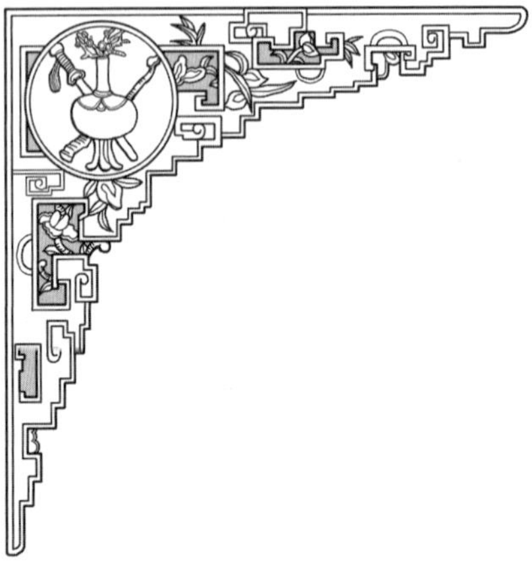

博古纹雀替（望江楼）[3]

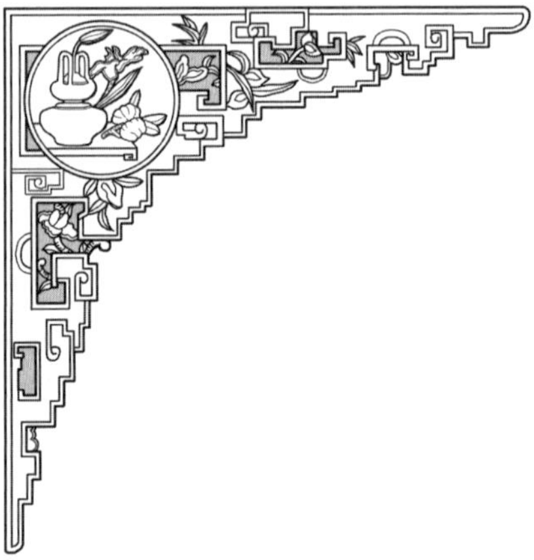

博古纹雀替（望江楼）[4]

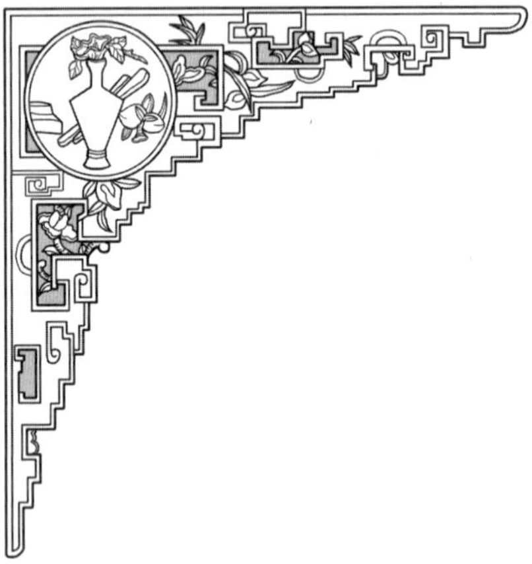

博古纹雀替（望江楼）[5]

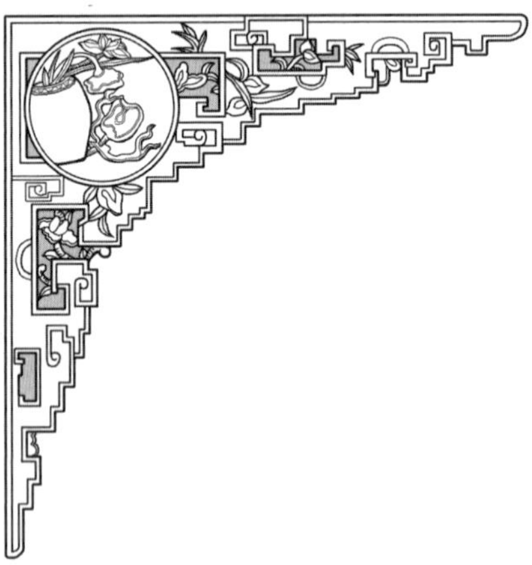

博古纹雀替（望江楼）[6]

注：1. 知识广博，德高望重　2. 知识广博，德高望重　3. 知识广博，德高望重

4. 知识广博，德高望重　5. 知识广博，德高望重　6. 知识广博，德高望重

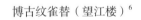

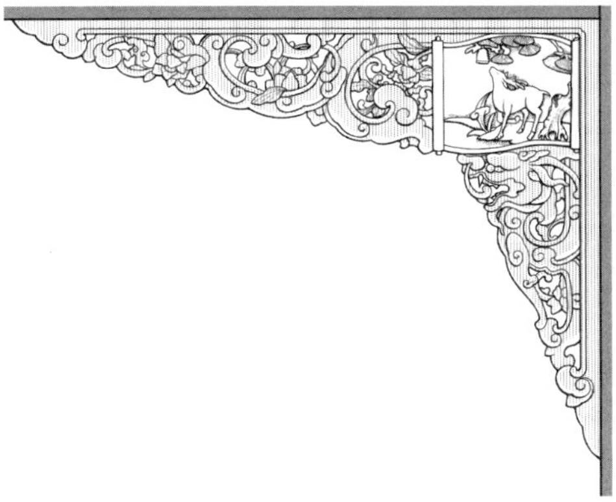

松鹿纹雀替（罨画池）[1]

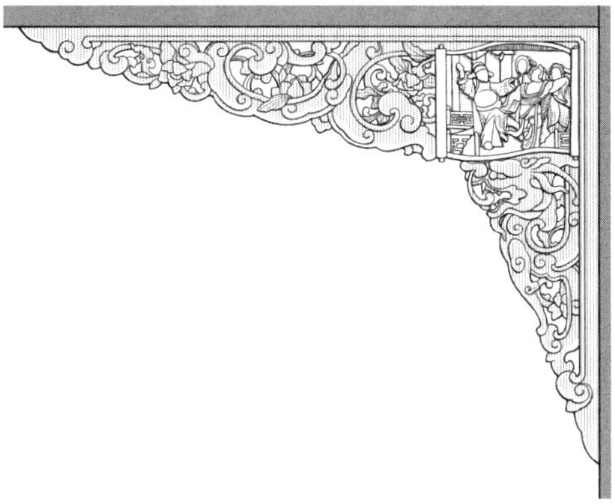

醉写番表纹雀替（罨画池）[2]

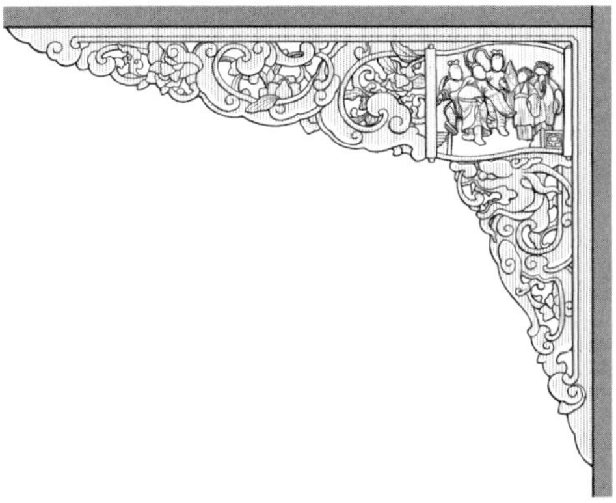

古城相会纹雀替（罨画池）[3]

獾望纹雀替（罨画池）[4]

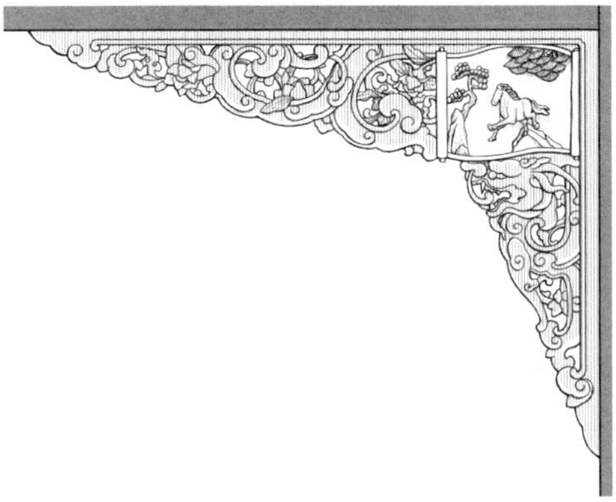

千里马纹雀替（罨画池）[5]

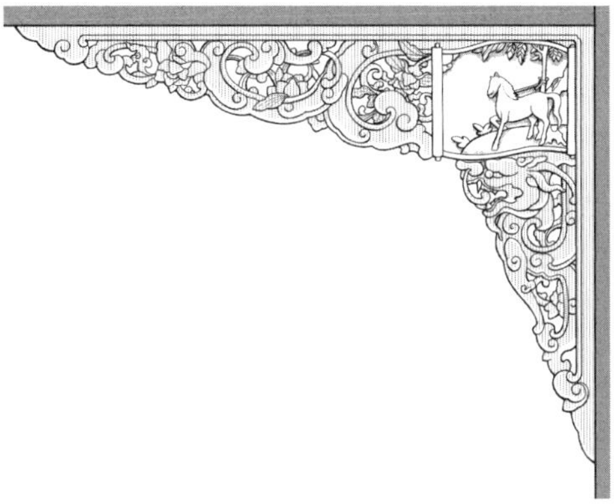

千里马纹雀替（罨画池）[6]

注：1. 长寿，官禄　　2. 文人傲骨，文人修养

3. 忠肝义胆　　4. 欢天喜地

5. 豪放不羁　　6. 豪放不羁

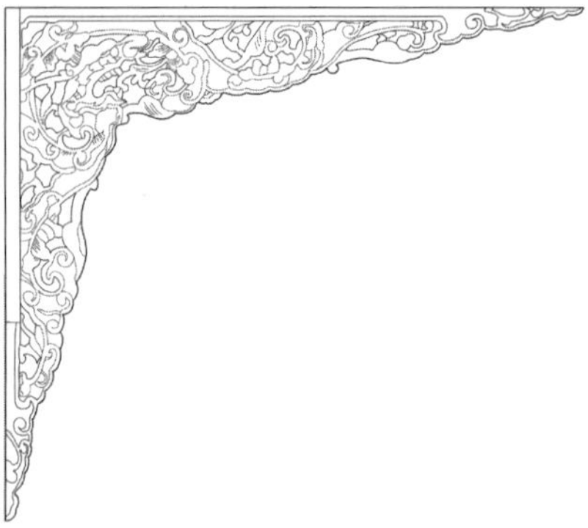

缠枝龙纹雀替（大慈寺藏经阁）[1]

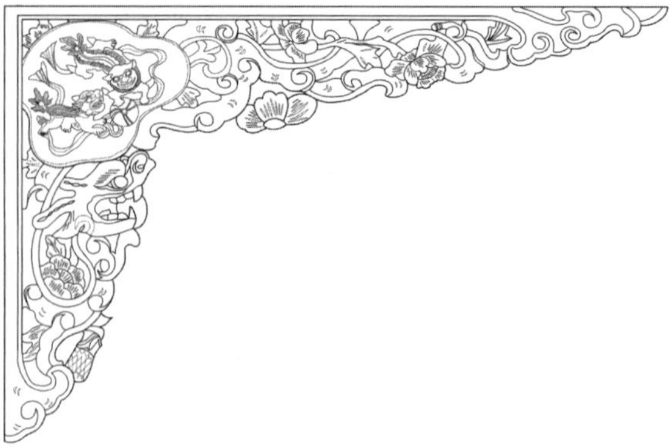

双狮戏球纹雀替（大慈寺山门）[2]

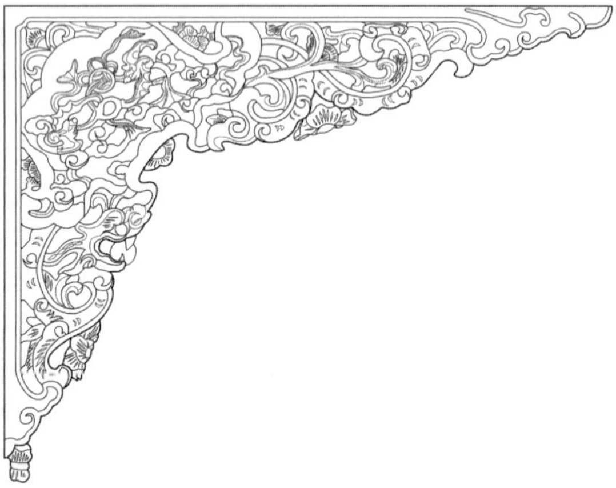

蝙蝠钱眼纹雀替（大慈寺天王殿）[3]

蝙蝠钱眼纹雀替（大慈寺山门）[4]

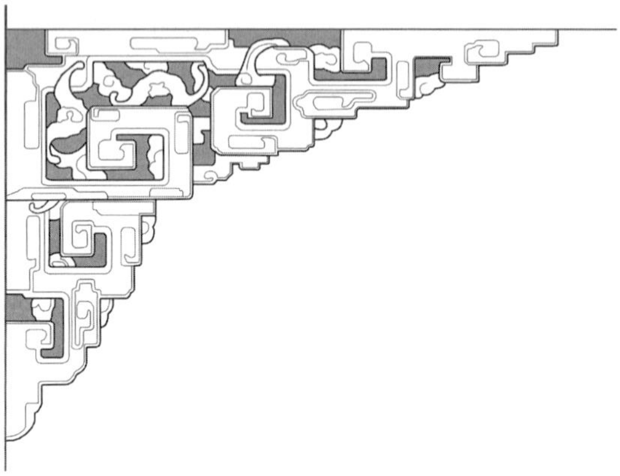

拐子纹雀替（文殊院三大士殿）[5]

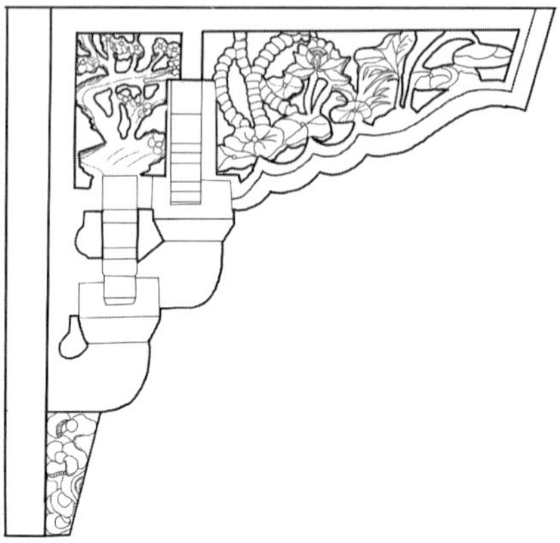

松莲纹雀替（铁象寺）[6]

注：1. 富贵年年　　2. 喜得贵子
3. 福在眼前　　4. 福在眼前
5. 吉祥年年　　6. 长寿，圣洁，智慧

3.10 挂落

莲花挂落（段家大院）[1]

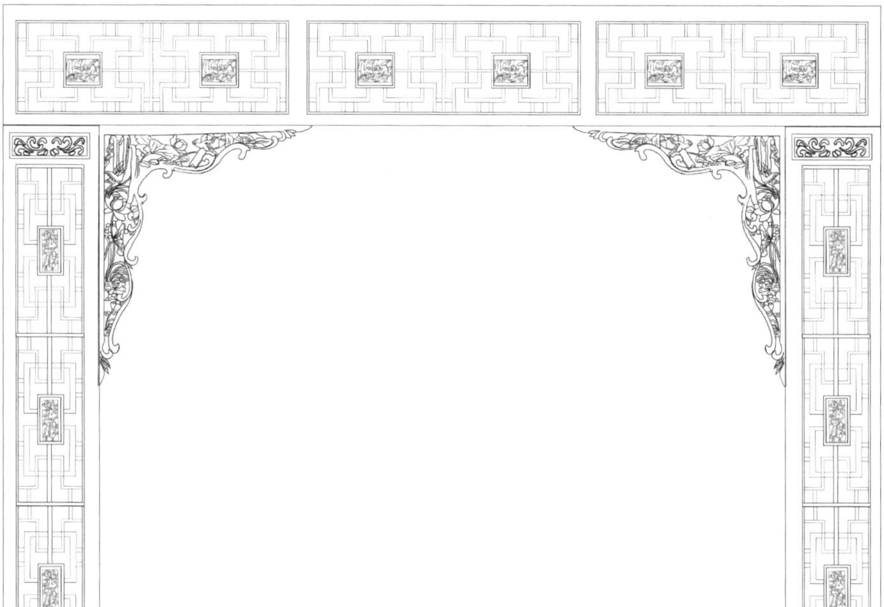

翠鸟莲花纹挂落（桂湖）[2]

注：1. 喜庆　　2. 喜庆

翠鸟莲花挂落（桂湖）[1]

注：1. 喜庆

鸳鸯戏水挂落（桂湖）[1]

莲花挂落（桂湖）[2]

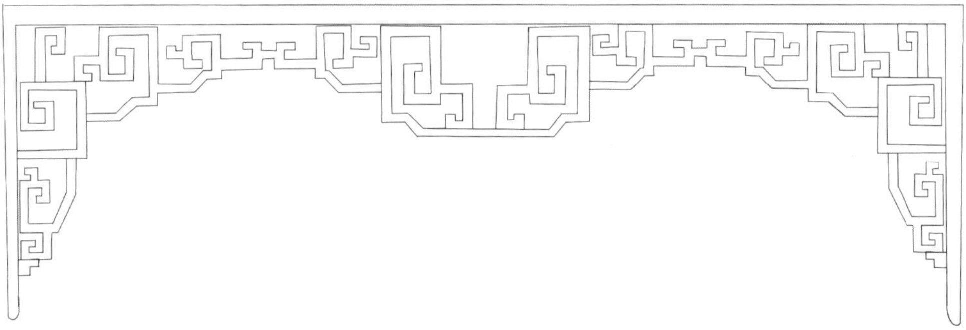

拐子纹挂落（望江楼浣笺亭）[3]

注：1. 喜庆　　2. 喜庆　　3. 吉祥年年

水纹挂落（铁像寺）[1]

注：1. 长寿，平安

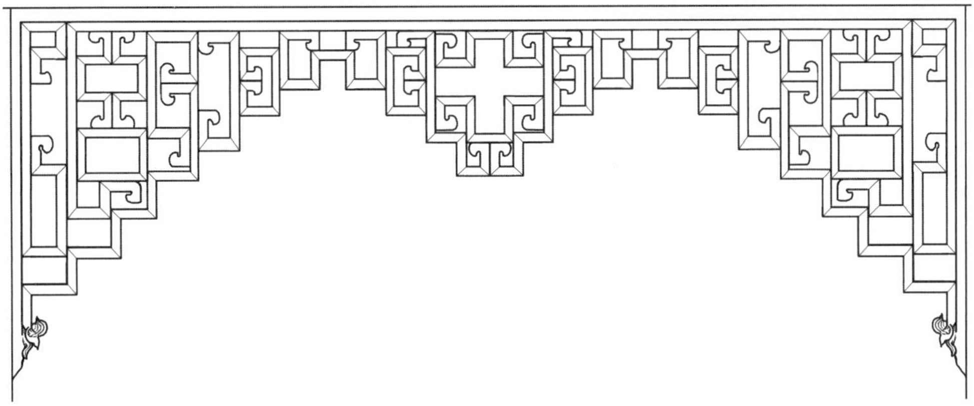

拐子挂落（罨画池暗香亭）[1]

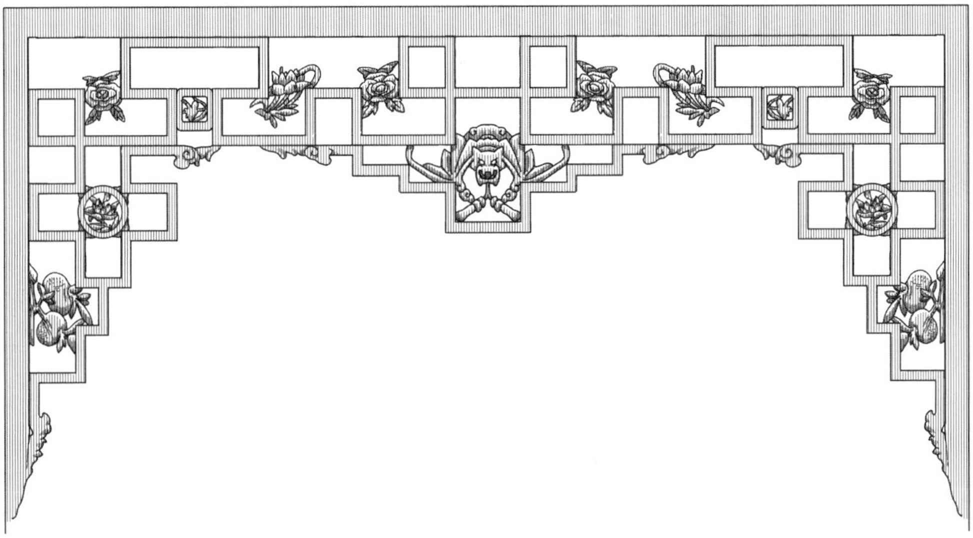

蝙蝠挂落（罨画池）[2]

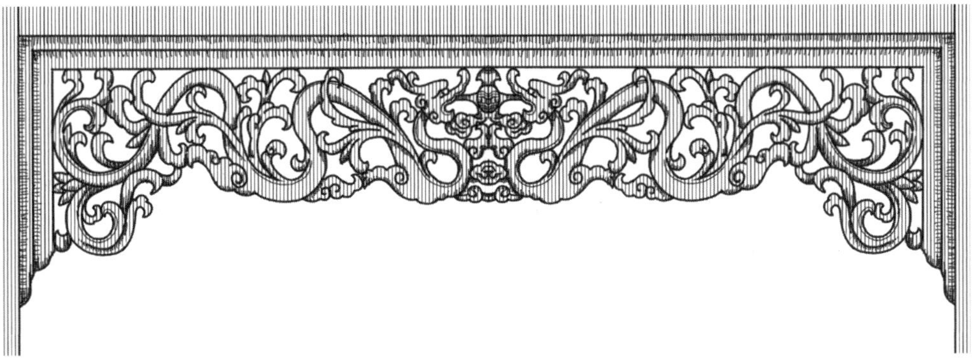

双龙戏珠挂落（罨画池）[3]

注：1. 吉祥年年　　2. 幸福　　3. 地位崇高，修身养德

莲花缠枝挂落（桂湖）[1]

注：1. 喜庆

双狮挂落（罨画池）[1]

注：1. 喜庆

双狮挂落（罨画池）[1]

注：1. 喜庆

博古纹挂落（罨画池）[1]

注：1. 知识广博，德高望重

双狮挂落（罨画池）[1]

注：1. 喜庆

郭子仪贺寿挂落（罨画池）[1]

注：1. 德高望重

双喜临门挂落（罨画池）[1]

注：1. 喜庆

3.11 牌匾

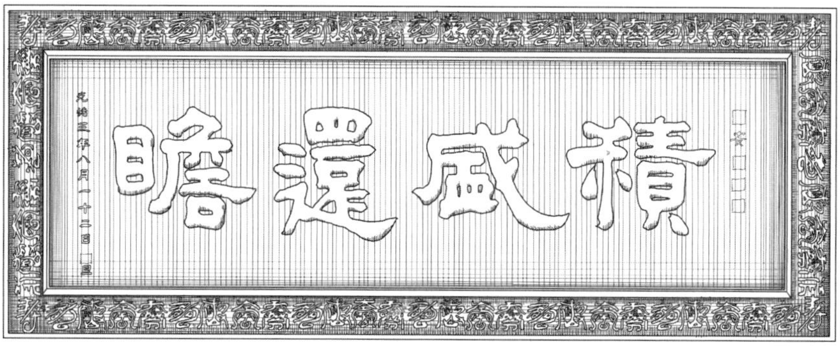

积盛还瞻牌匾（陈家桅杆）

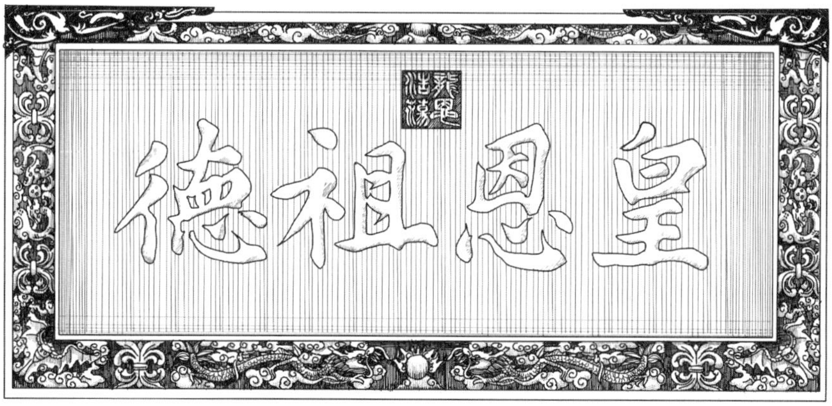

皇恩祖德牌匾（陈家桅杆）

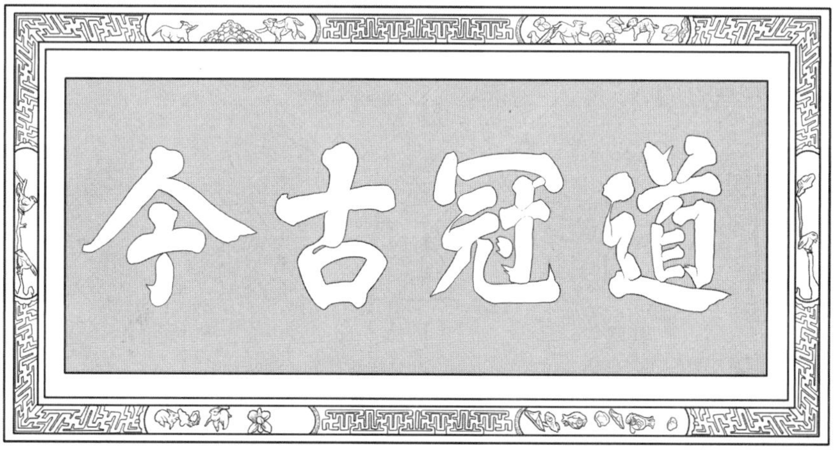

道冠古今牌匾（陈家桅杆）

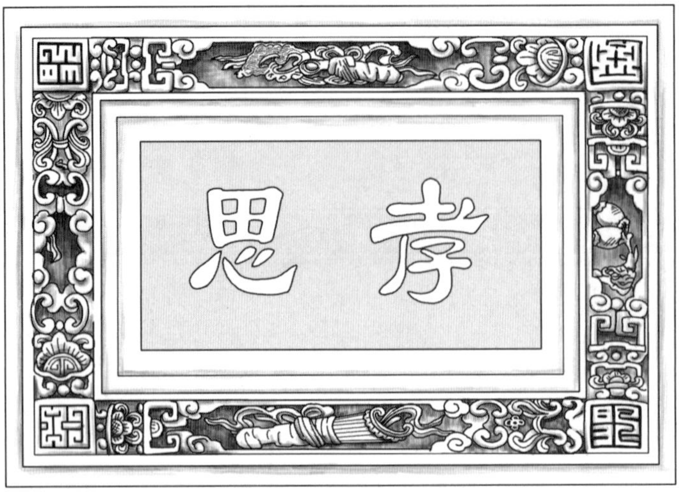

孝思牌匾（新繁东湖）

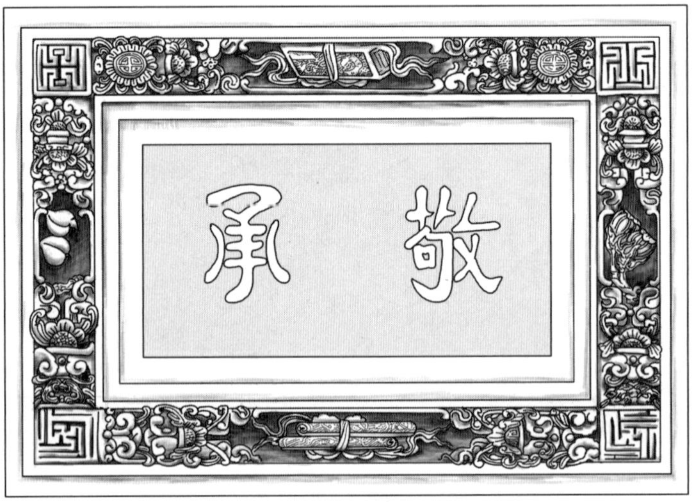

敬承牌匾（新繁东湖）

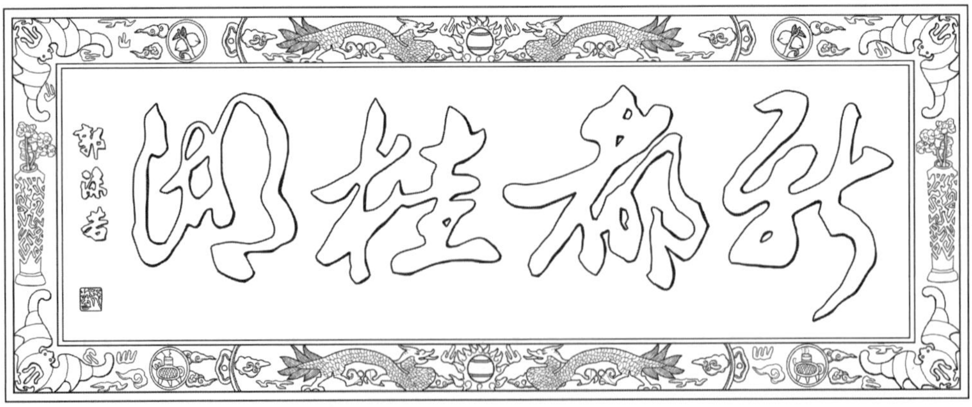

新都桂湖牌匾（桂湖）

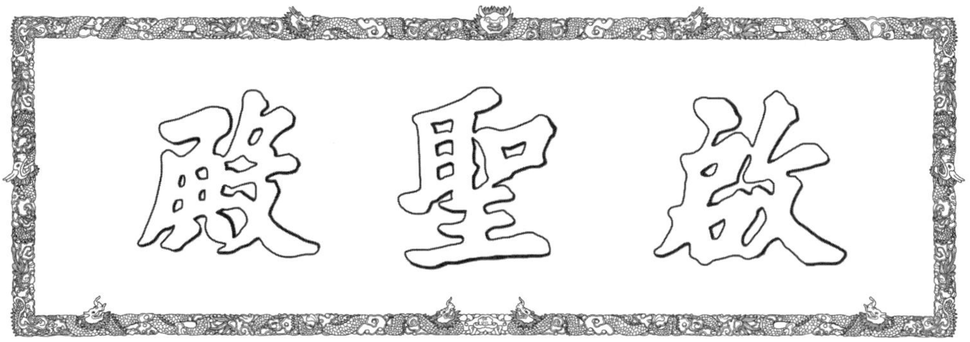

启胜殿牌匾（新繁东湖）

天主堂牌匾（元通古镇）

广东会馆牌匾（元通古镇）

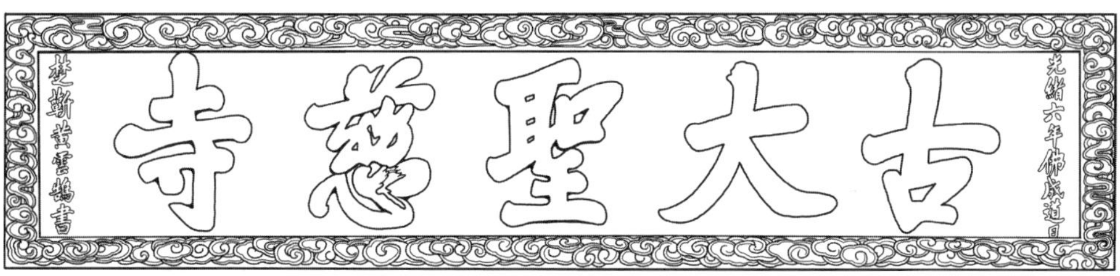

大慈寺牌匾

3.12 墙面装饰

双龙纹墙面装饰（德阳文庙棂星门）[1]

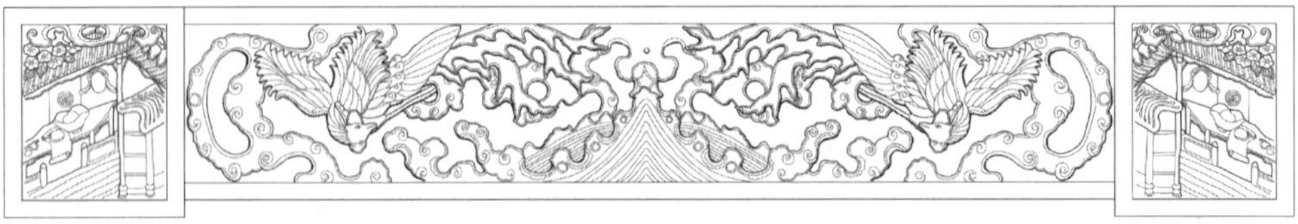

双凤纹墙面装饰（德阳文庙棂星门）[2]

松鹤纹墙面装饰（德阳文庙棂星门）[3]

虎鹿纹墙面装饰（陈家桅杆）[4]

注：1. 地位崇高，修养品德高尚　2. 地位崇高，修养品德高尚　3. 长寿吉祥　4. 福禄双全

三狮戏球墙面装饰（陈家桅杆）[1]

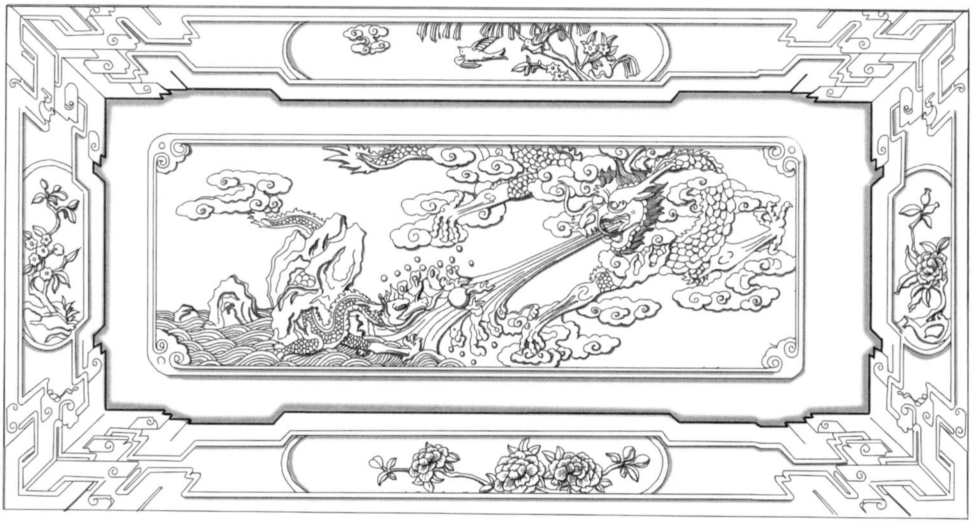

雌雄双龙纹墙面装饰（陈家桅杆）[2]

注：1. 三世戏酒，子嗣昌盛，合家喜庆

2. 喜得贵子

龙纹墙面装饰（德阳文庙）[1]

注：1. 富贵绵延

龙纹墙面装饰（德阳文庙）[1]

注：1. 富贵绵延

麒麟仙鹤纹墙面装饰（德阳文庙）[1]

三狮戏球纹墙面装饰（德阳文庙）[2]

鱼纹墙面装饰（德阳文庙）[3]

神兽纹墙面装饰（广汉房湖）[4]

注：1. 富贵，长寿

2. 三世戏酒，子嗣昌盛，合家喜庆

3. 喜得贵子，年年有余

4. 驱邪平安

如意宝瓶墙面装饰（德阳文庙）[1]

注：1. 富贵，吉利，文人雅趣

双龙戏珠墙面装饰（武侯祠）[1]

注：1. 地位崇高，修身养德

云龙纹墙面装饰（温江文庙）[1]

注：1. 吉祥富贵，至高无上

云龙墙面装饰（德阳文庙万仞宫墙）[1]

注：1. 吉祥富贵，至高无上

如意墙面装饰（广汉房湖）[1]

蝠寿墙面装饰（广汉房湖）[2]

寿字墙面装饰（广汉房湖）[3]

寿字墙面装饰（广汉房湖）[4]

送蝠墙面装饰（德阳文庙）[5]

注：1. 十全十美，吉祥如意

2. 福寿双全

3. 长寿

4. 长寿

5. 送福

大小狮子墙面装饰（广汉房湖）[1]

双狮戏球墙面装饰（广汉房湖）[2]

组合纹样墙面装饰（广汉房湖）[3]

注：1. 太师少师，福禄双全

2. 喜得贵子

3. 左：玉兔望月，夫妻之和　中：知识广博，德高望重　右：英雄相惜

猰吞日墙面装饰（广汉房湖）[1]

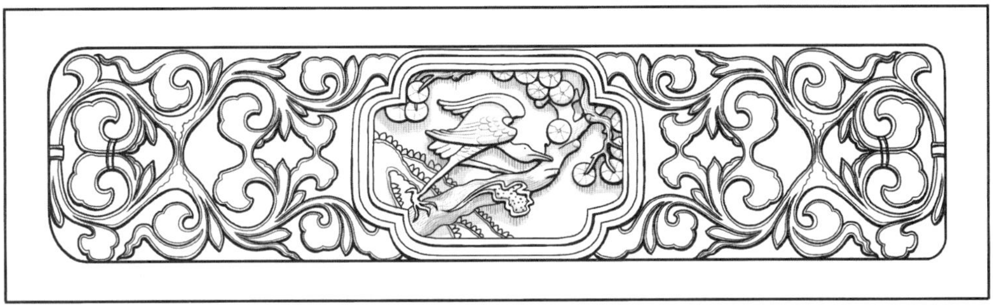

喜上眉梢墙面装饰（广汉房湖）[2]

鸳鸯戏水墙面装饰（广汉房湖）[3]

八骏墙面装饰（广汉房湖）[4]

注：1. 财气亨通，福从天降

2. 喜上眉梢

3. 家庭和睦，喜气连连

4. 才气横溢

寿字缠枝纹墙面装饰（广汉房湖）[1]

狮鹤纹墙面装饰（广汉房湖）[2]

组合纹墙面装饰（广汉房湖）[3]

注：1. 长寿

2. 官禄，长寿，平安

3. 喜得贵子，夫妻和睦

寿字墙面装饰（广汉房湖）[1]

丹凤朝阳墙面装饰（广汉房湖）[2]

双龙戏珠墙面装饰（武侯祠）[3]

注：1. 长寿年年

2. 前途光明，官禄亨通

3. 地位崇高，修身养德

博古纹墙面装饰（桂湖）[1]

博古纹墙面装饰（桂湖）[2]

博古纹墙面装饰（桂湖）[3]

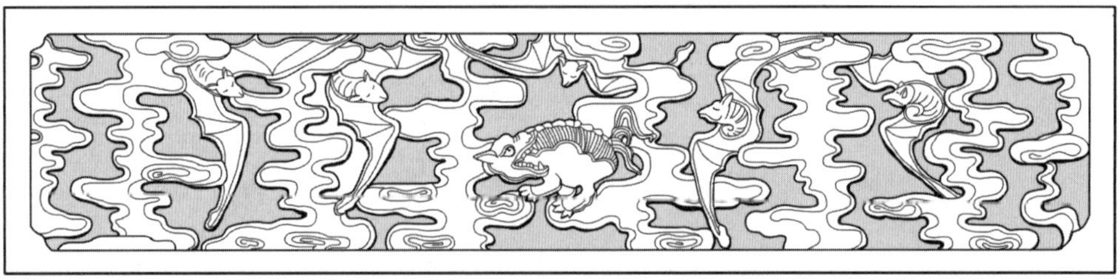

五蝠团兽墙面装饰（宜宾流杯池）[4]

莲花墙面装饰（宜宾流杯池）[5]

注：1. 知识广博，德高望重

2. 知识广博，德高望重

3. 知识广博，德高望重

4. 五福团寿

5. 功德，智慧，修为

狮子滚绣球墙面装饰（宜宾流杯池）[1]

注：1. 驱邪平安，幸福吉利

狻吞日墙面装饰（宜宾流杯池）[1]

注：1. 财气亨通，福从天降

拐子龙墙面装饰（罨画池）[1]

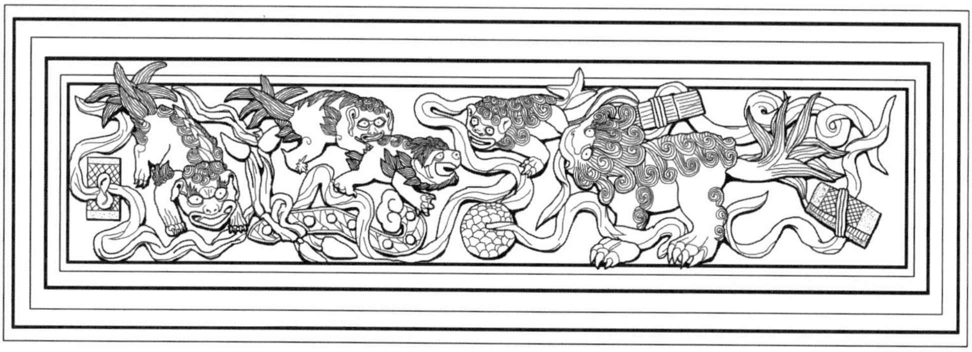

大小狮子墙面装饰（元通古镇广东会馆）[2]

注：1. 富贵延绵　　2. 太师少师，福禄双全

博古纹墙面装饰（罨画池）[1]

麒麟吐书墙面装饰（元通古镇广东会馆）[2]

注：1. 知识广博，德高望重　　2. 麒麟吐书，望子成才

段家大院五福照壁[1]

段家大院照壁[2]

注：1. 五福临门　　　　2. 吉祥延绵

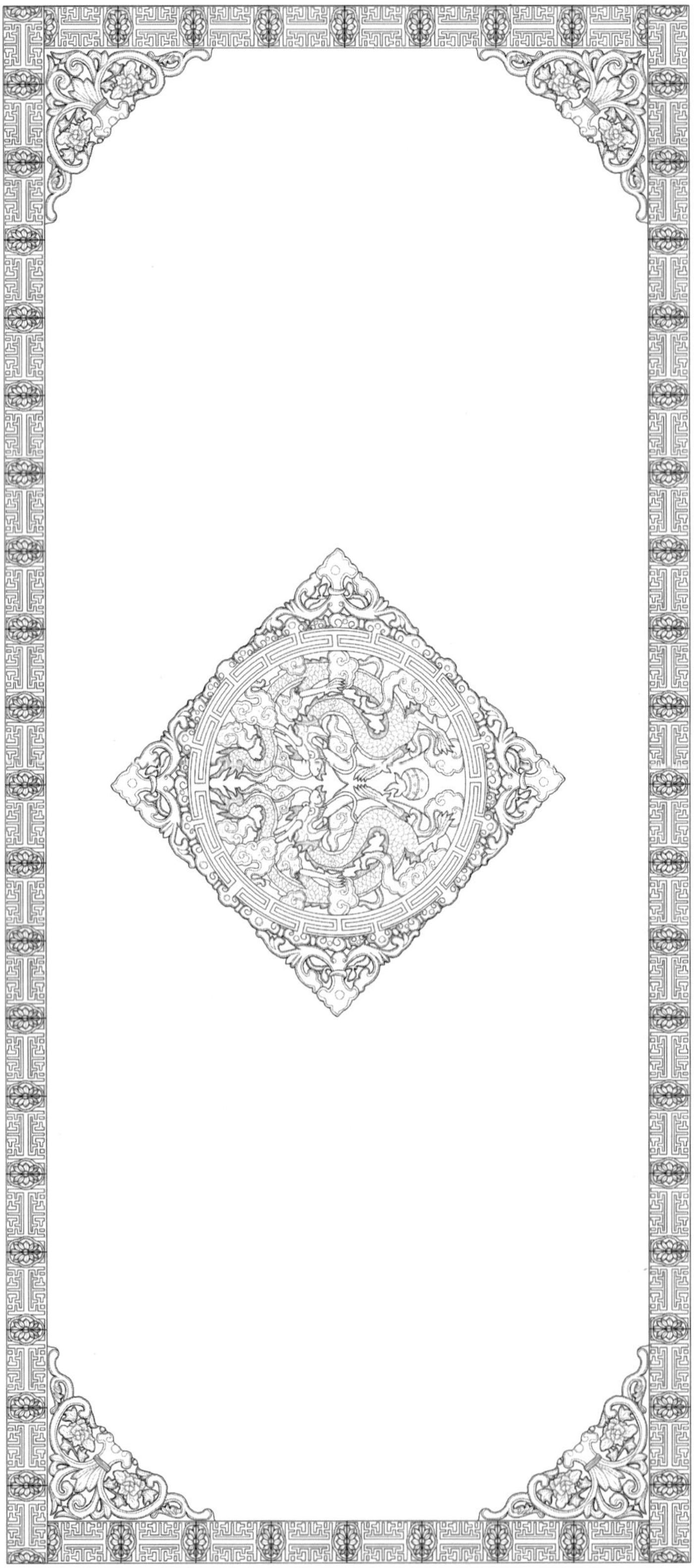

双云龙墙面装饰（德阳文庙万仞宫墙）[1]

注：1. 吉祥富贵，至高无上

团寿墙面装饰（广汉房湖）[1]

鹤蝠墙面装饰（广汉房湖）[2]

万字书画墙面装饰（广汉房湖）[3]

双龙戏珠墙面装饰（广汉房湖）[4]

注：1. 长寿　2. 官禄，长寿，平安

3. 文人修养　4. 地位崇高，修身养德

福字照壁（大慈寺）[1]

注：1. 幸福，福气

福禄寿照壁（大慈寺）[1]

三国故事墙面装饰（武侯祠）[2]

三国故事墙面装饰（武侯祠）[3]

注：1. 幸福，官禄，长寿　　2. 智慧与修养　　3. 智慧与修养

双龙戏珠照壁装饰（武侯祠）[1]

注：1. 地位崇高，修养品德高尚

丹凤朝阳照壁装饰（武侯祠）[1]

注：1. 前途光明，官禄亨通

双龙戏珠壁装饰（温江文庙）[1]

注：1. 地位崇高，修身养德

3.13 门窗

扇门（陈家桅杆）

扇门（段家大院）[1]

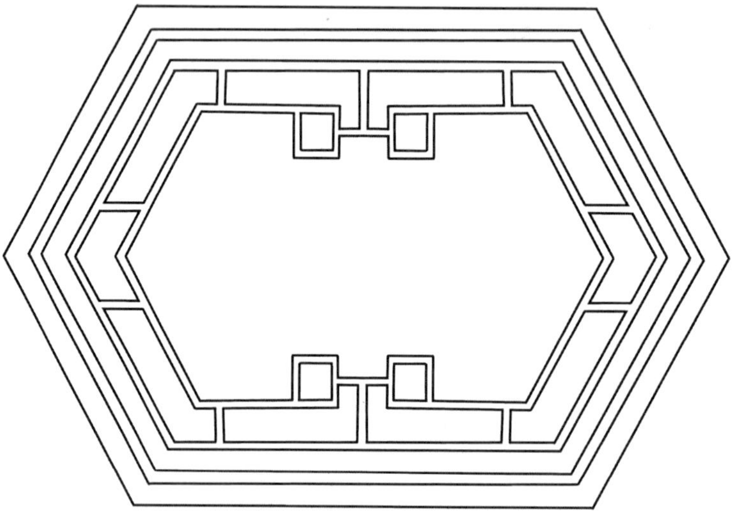

窗棂（房湖园艺园）[2]

注：1. 福禄寿喜财　　2. 六合，六顺

扇门（段家大院）[1]

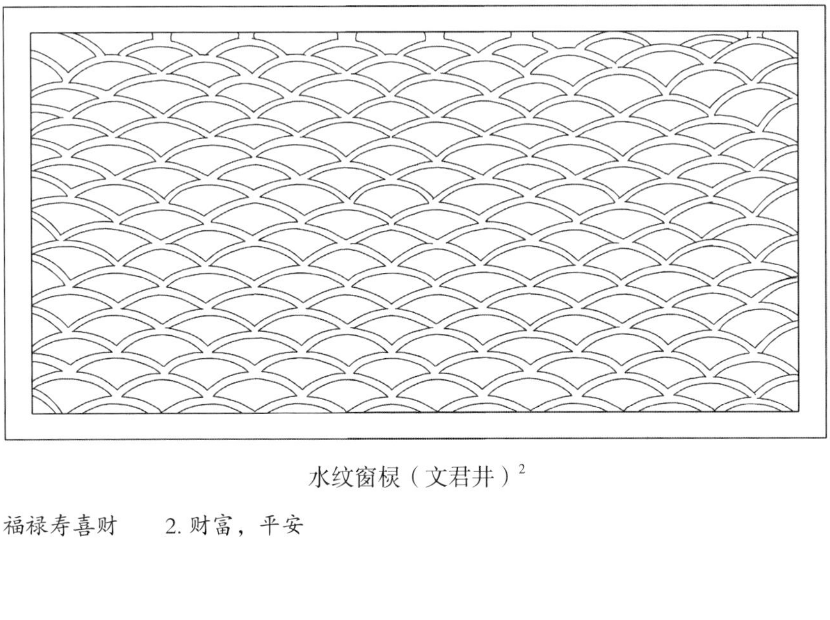

水纹窗棂（文君井）[2]

注：1. 福禄寿喜财　　2. 财富，平安

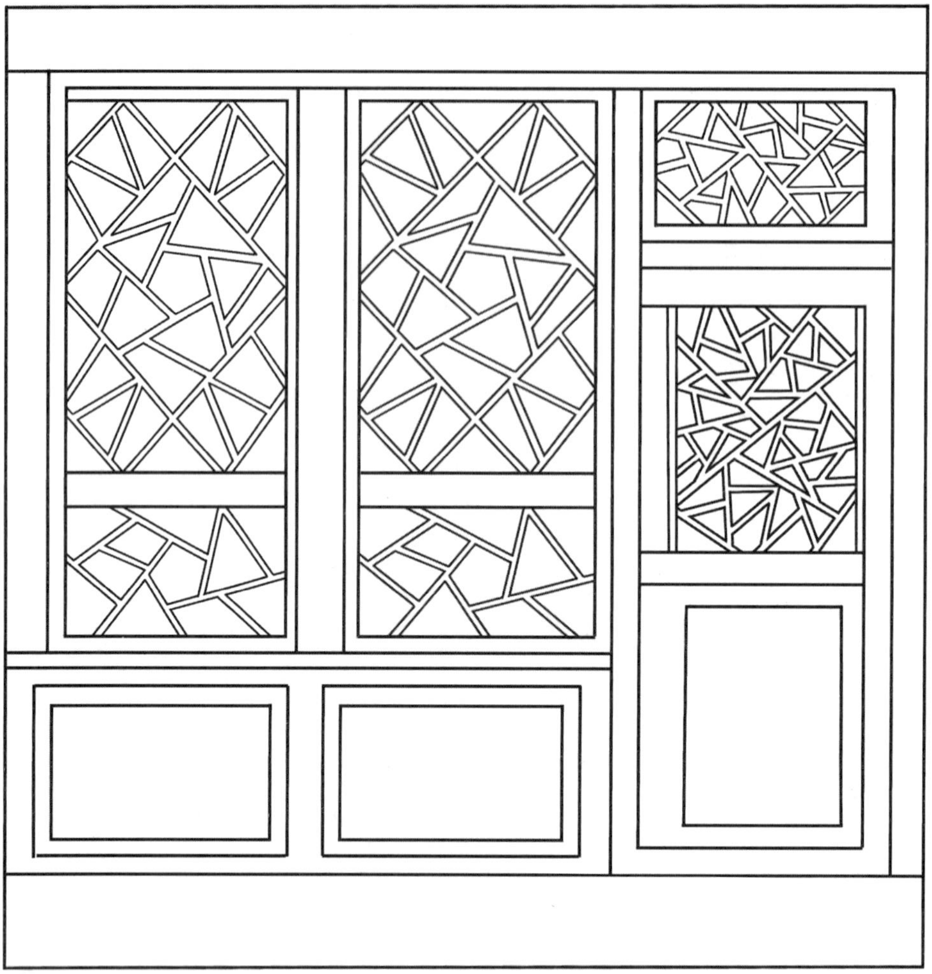

五云仙馆冰裂纹扇门（望江公园）[1]

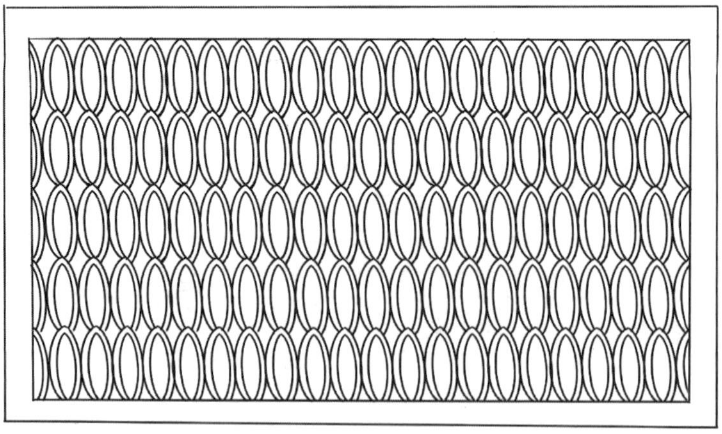

窗棂（文君井）[2]

注：1. 文人坚毅　　2. 和

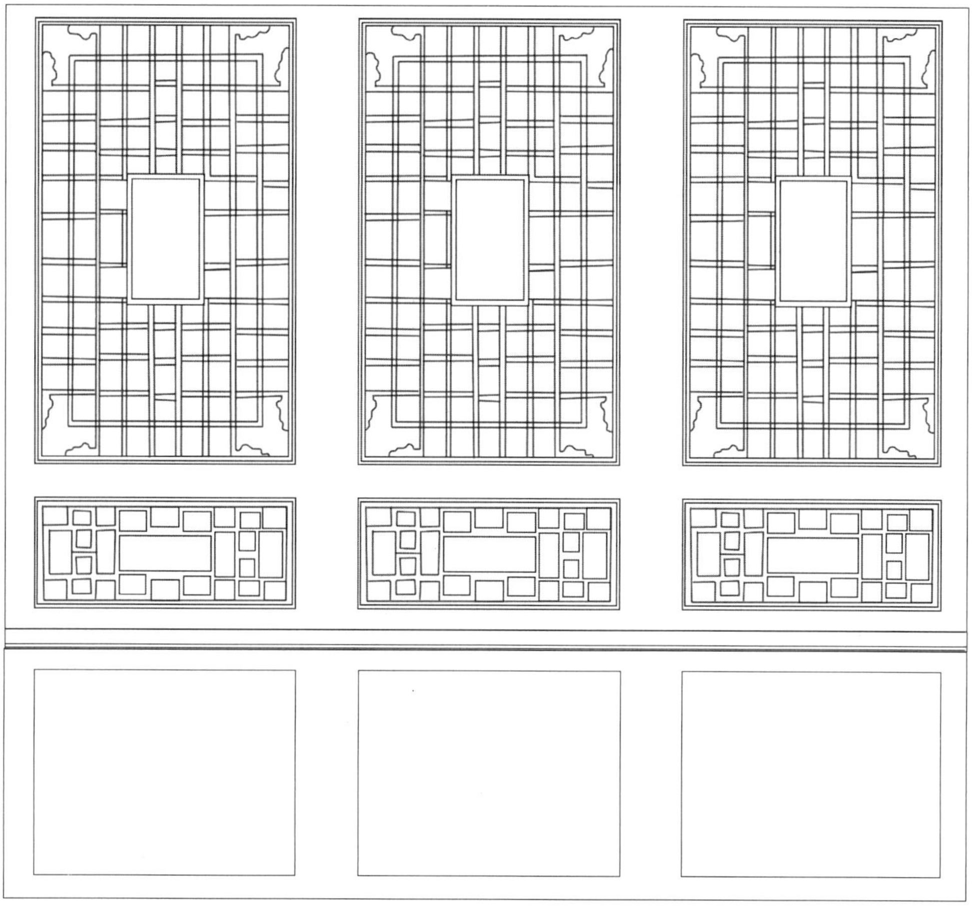

扇门（望江楼）

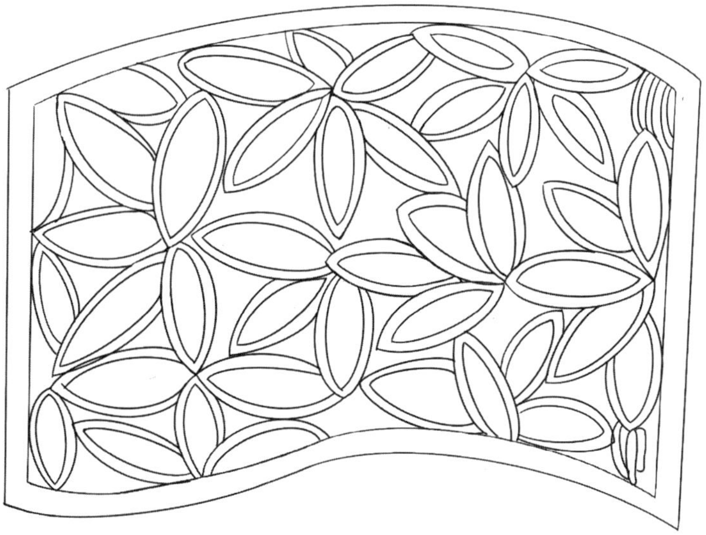

窗棂（文君井）

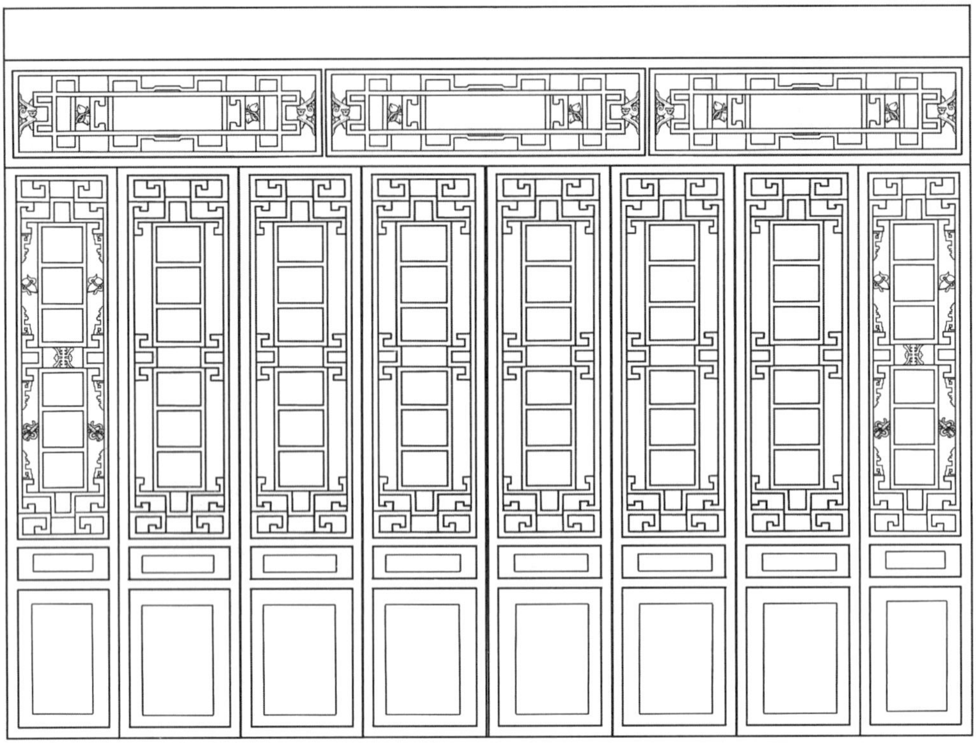

扇门（望江楼）

窗棂（文君井）

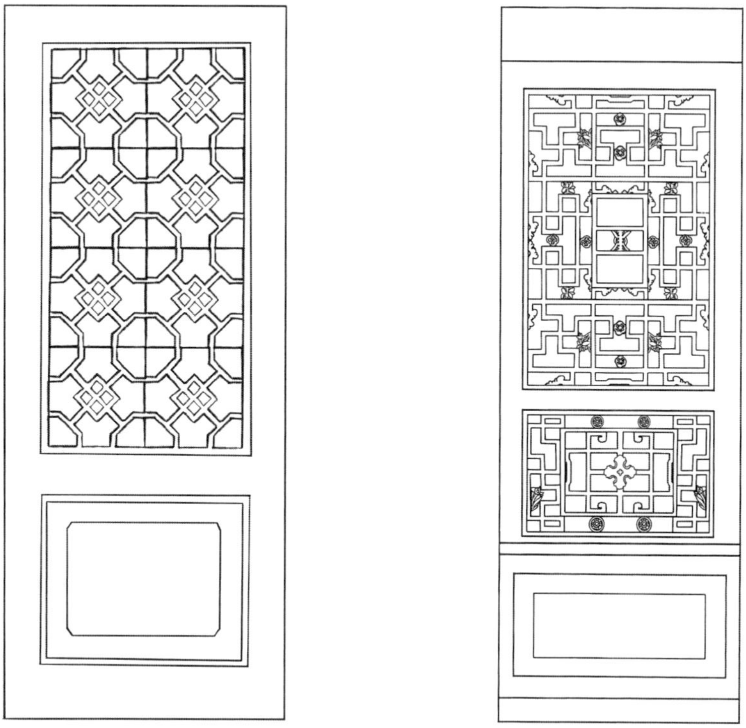

扇门（望江楼）

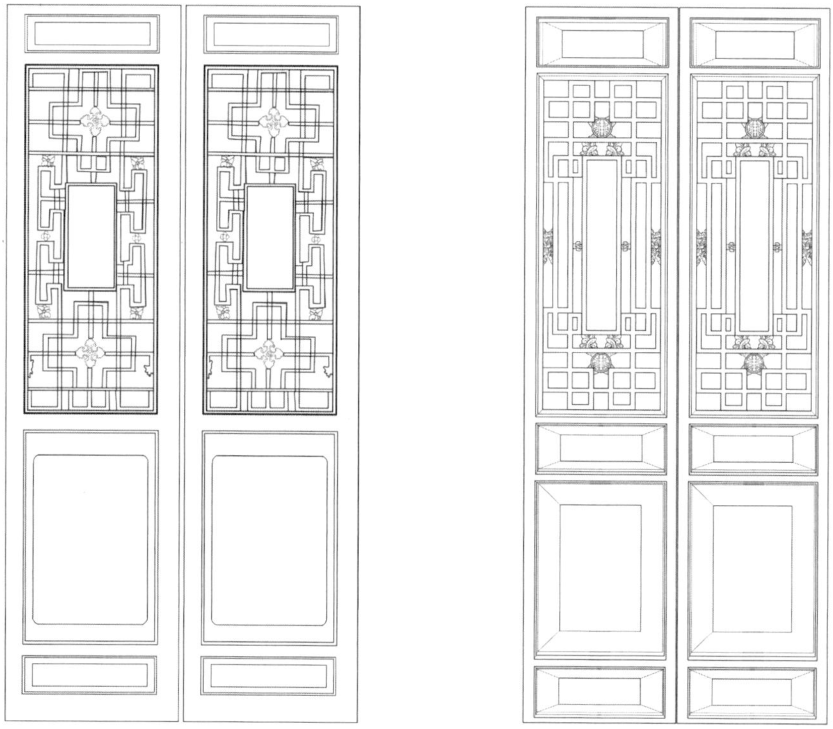

扇门（望江楼）

禅寿老街扇门（水磨古镇）

扇门（罨画池）

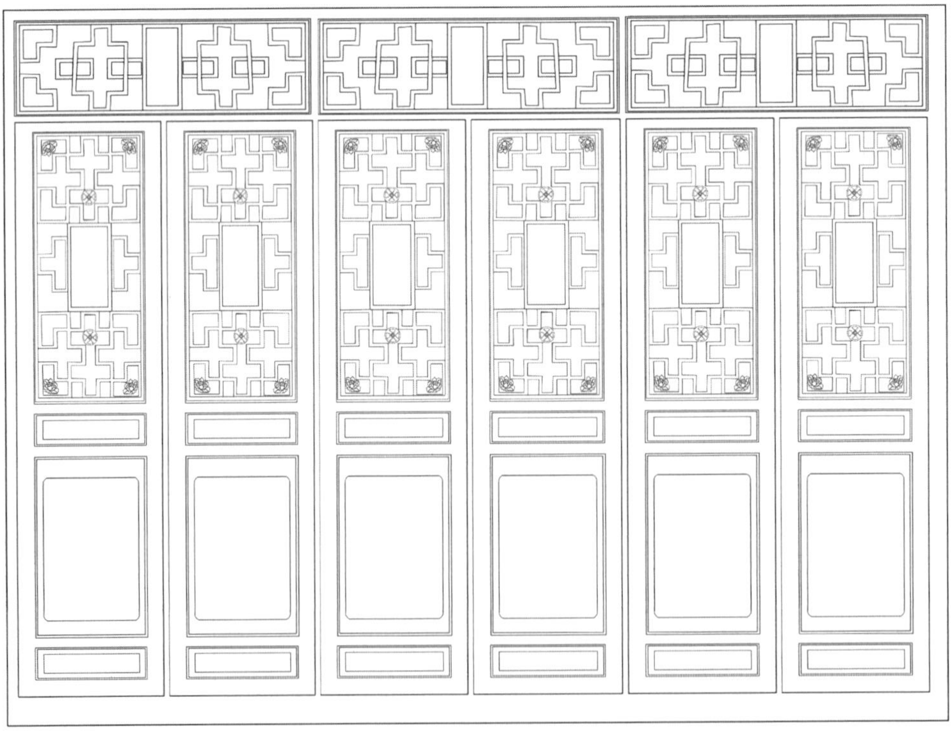

扇门（罨画池）

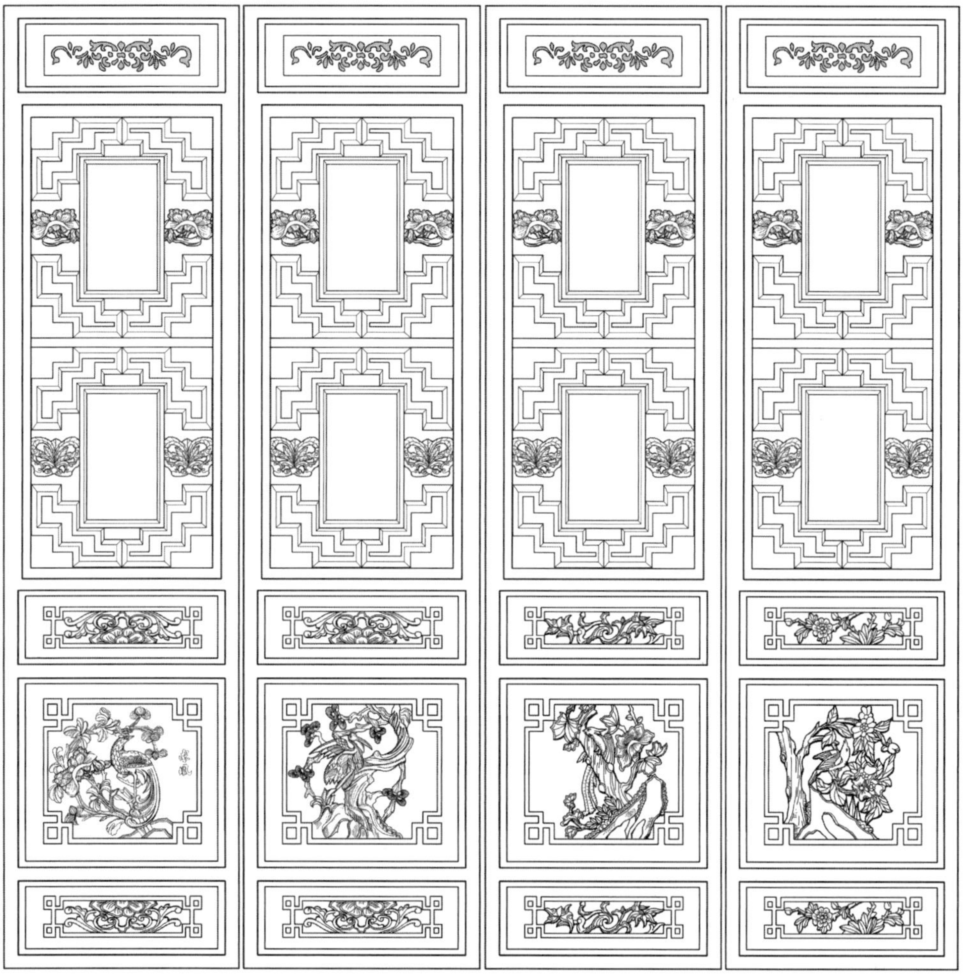

花鸟兽纹扇门（罨画池）[1]

注：1. 十全十美

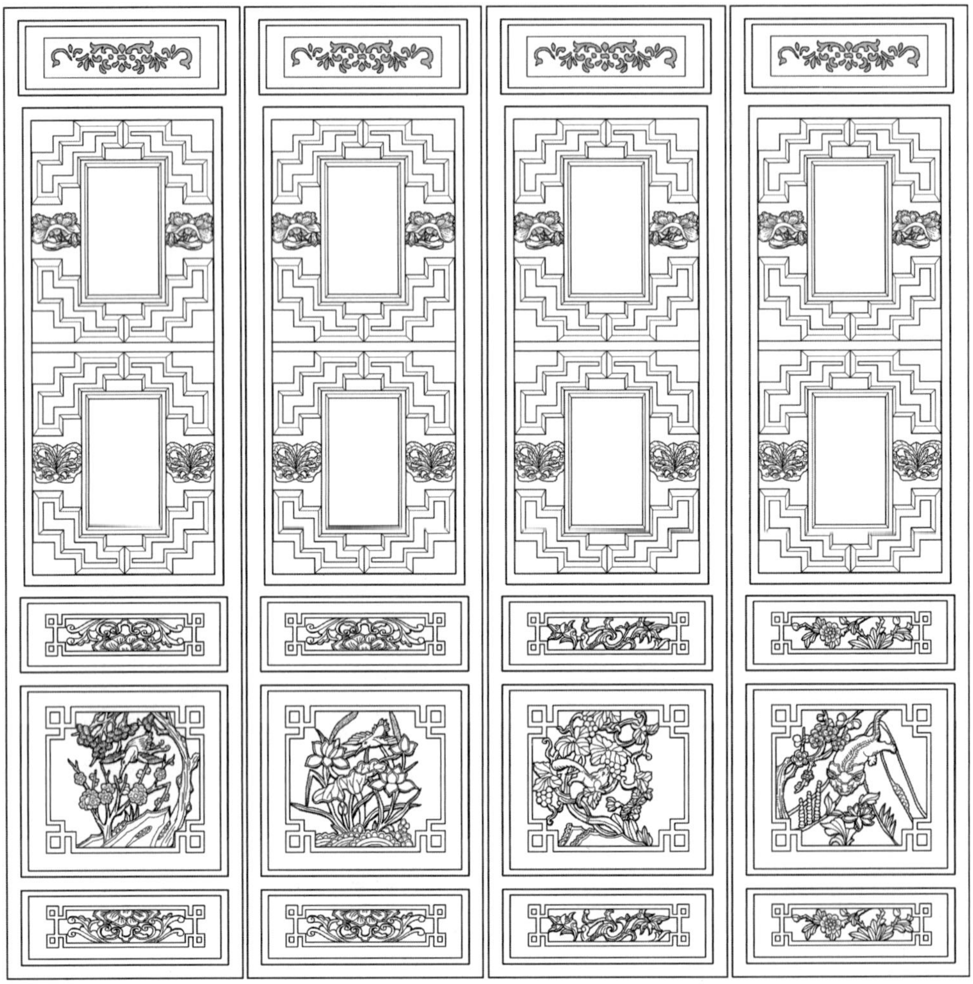

花鸟兽纹扇门（罨画池）[1]

注：1. 十全十美

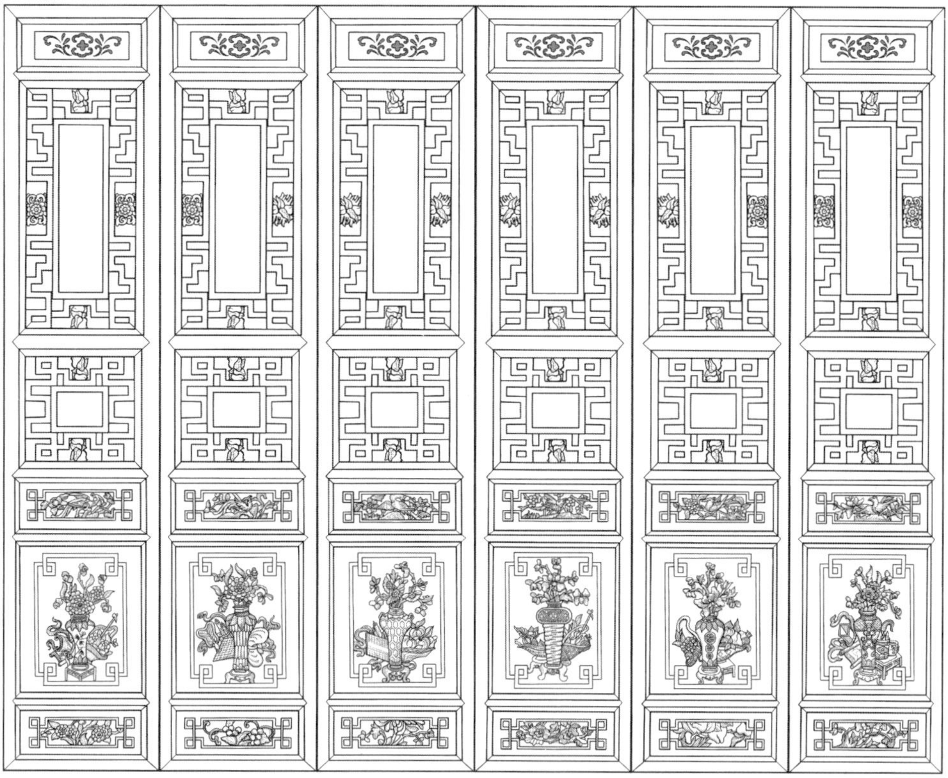

花瓶什物纹扇门（罨画池）[1]

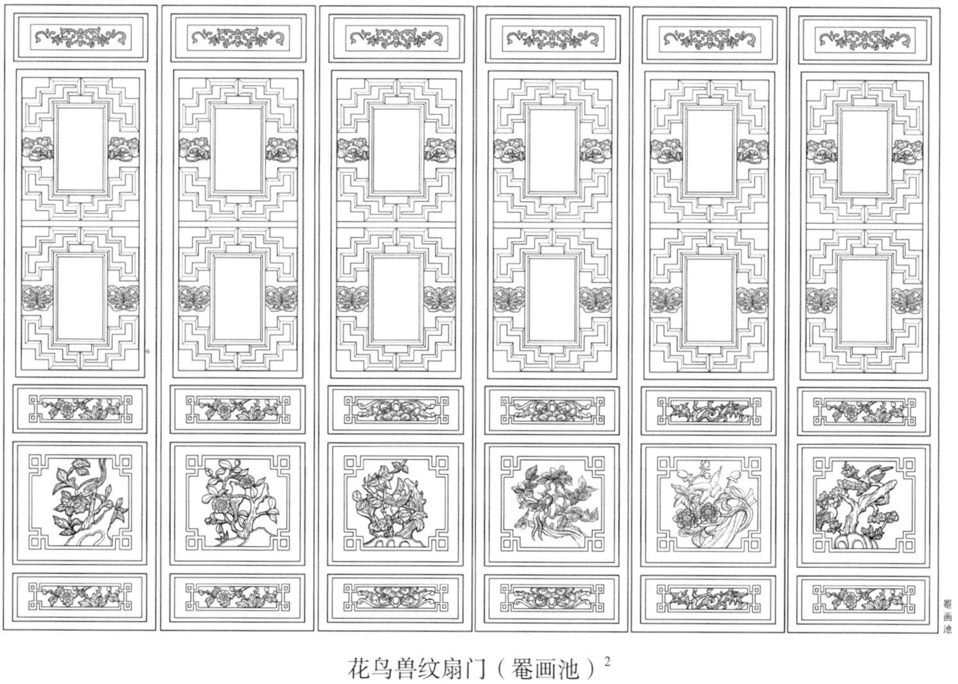

花鸟兽纹扇门（罨画池）[2]

注：1. 十全十美　　2. 十全十美

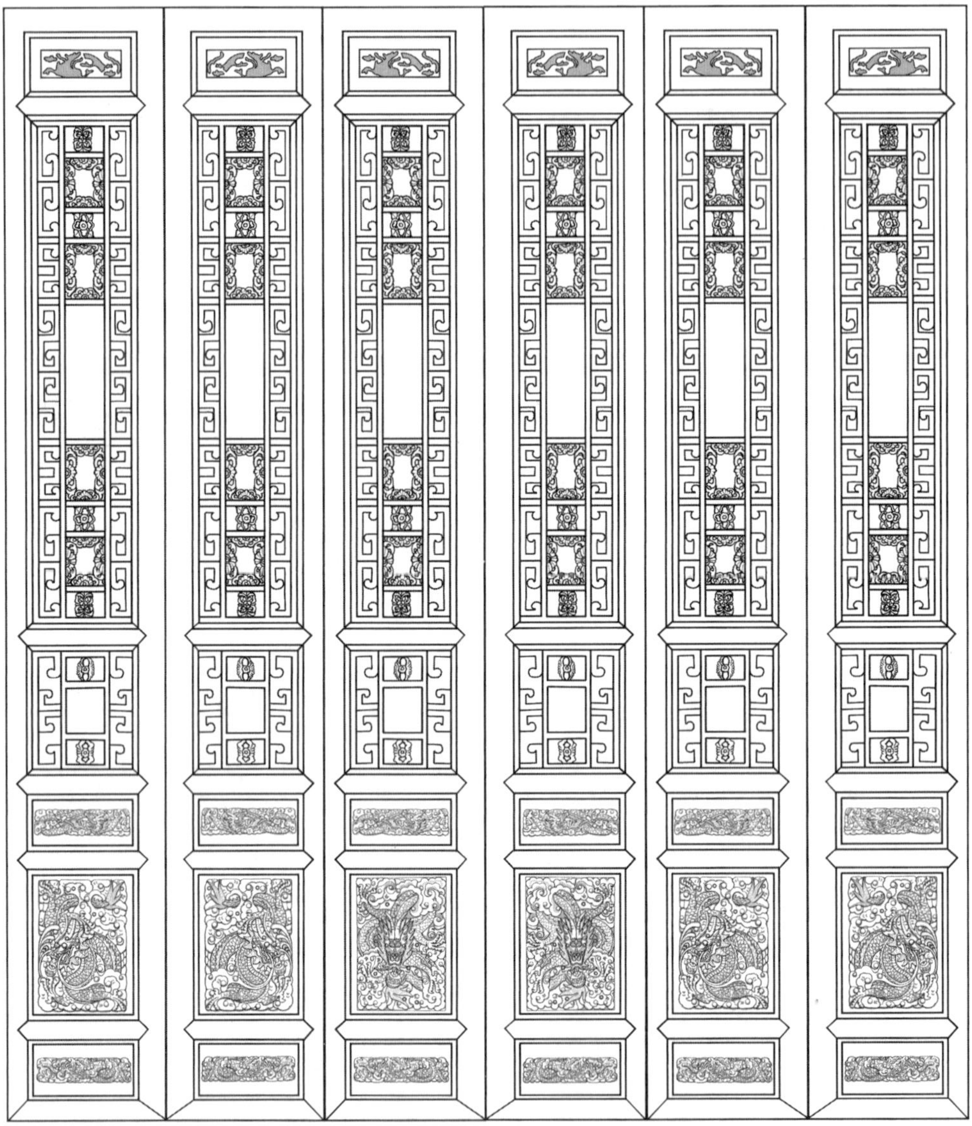

龙纹扇门（罨画池）[1]

注：1. 吉祥富贵，官禄亨通

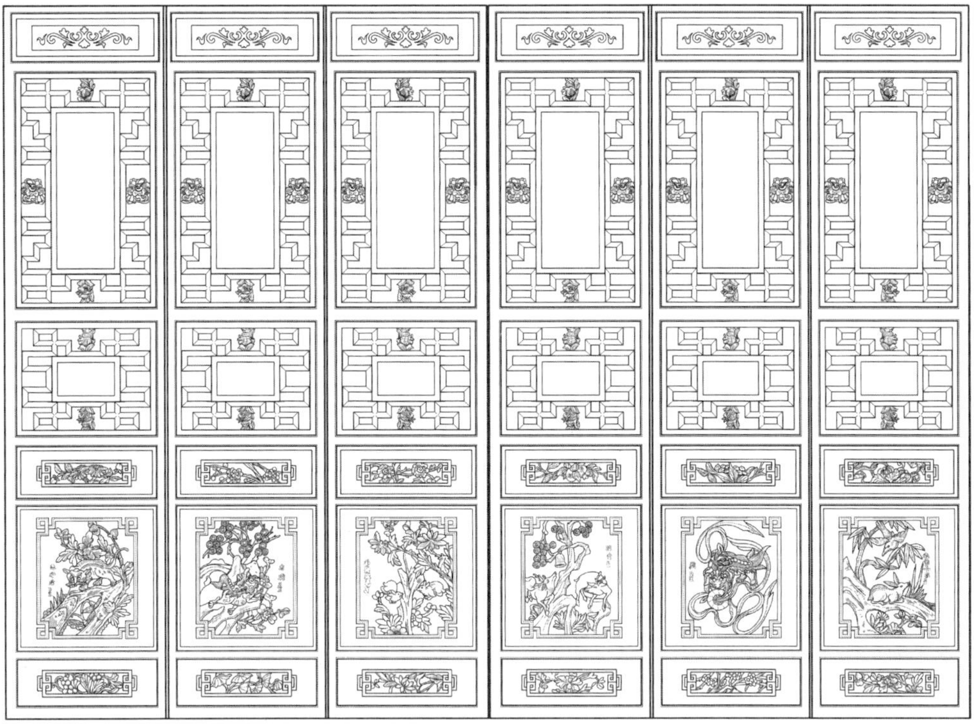

瑞兽纹扇门（罨画池）[1]

冰裂纹窗棂（罨画池）[2]

注：1. 十全十美　　2. 文人坚毅

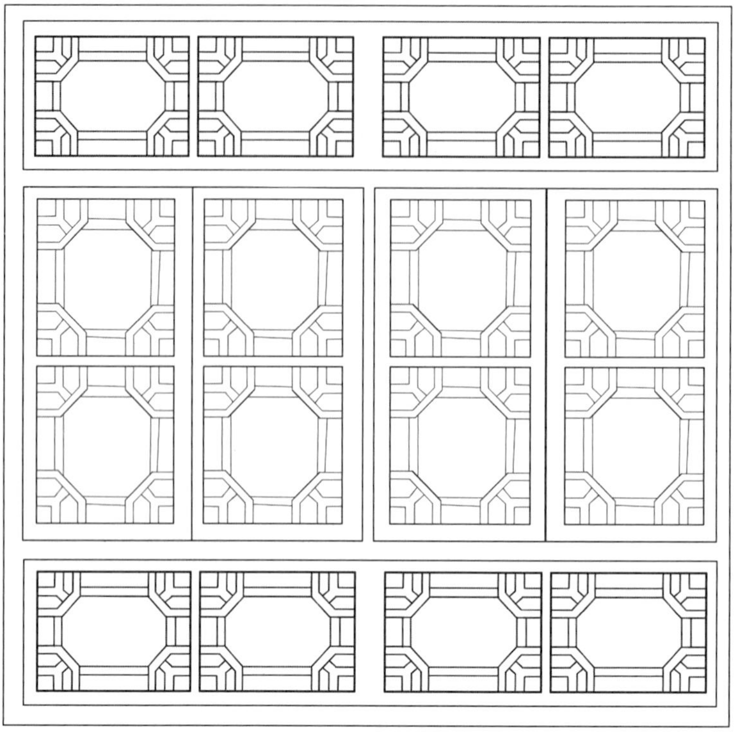

窗棂（德阳文庙）

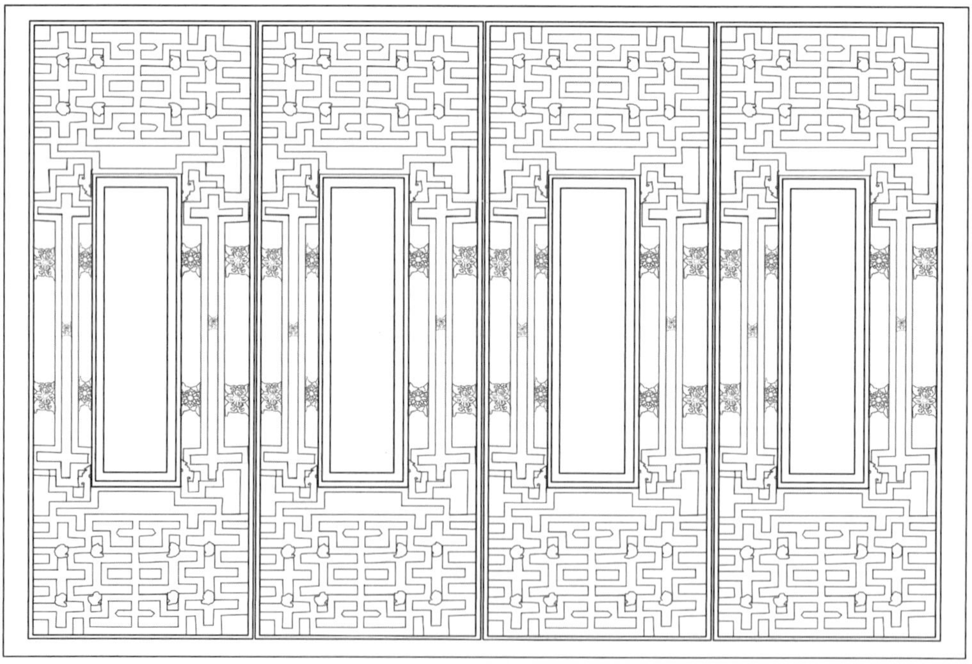

窗棂（德阳文庙）

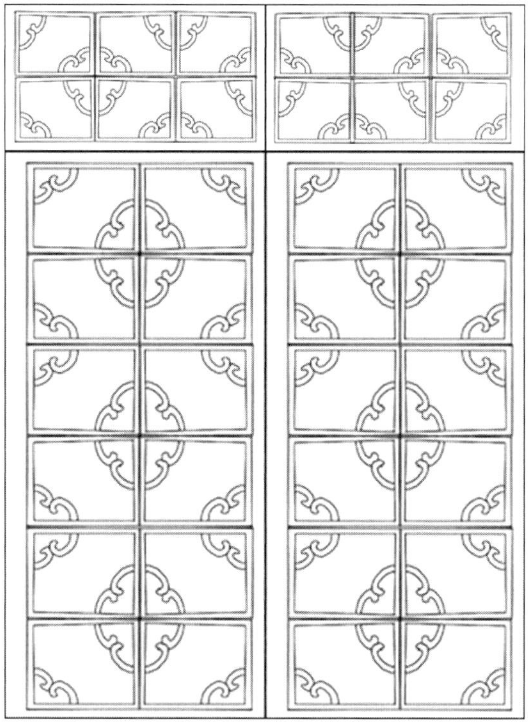

水竹居窗棂（杜甫草堂）

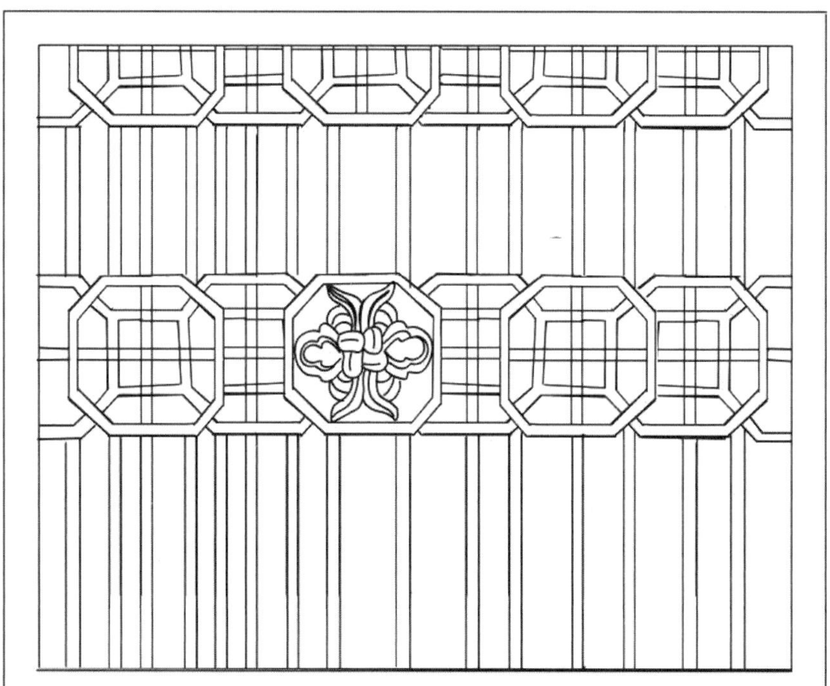

窗棂（段家大院）

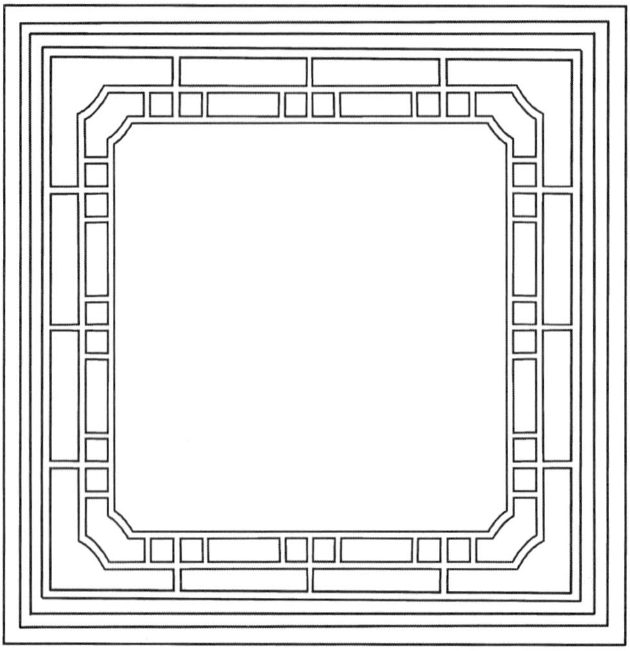

窗棂（房湖园艺园）

冰裂纹窗棂（桂湖）[1]

注：1. 文人坚毅

冰裂纹窗棂（桂湖）

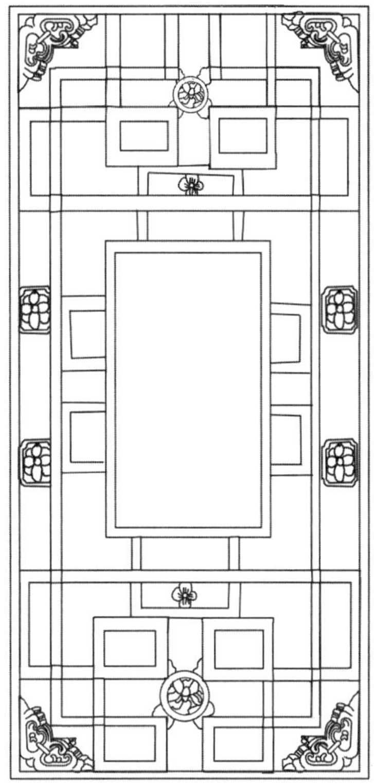

窗棂（望江楼）

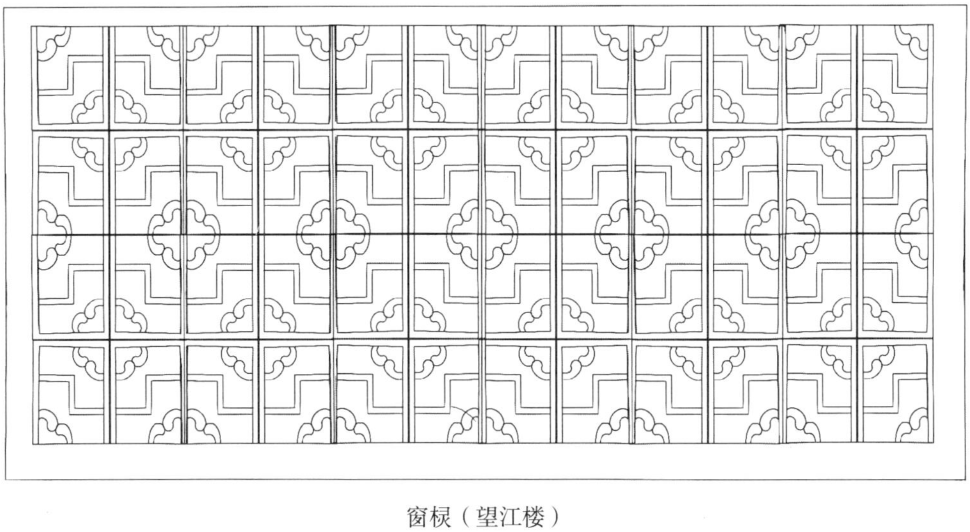

窗棂（望江楼）

窗棂（望江楼）

窗棂（望江楼）

铜钱窗棂（文君井）

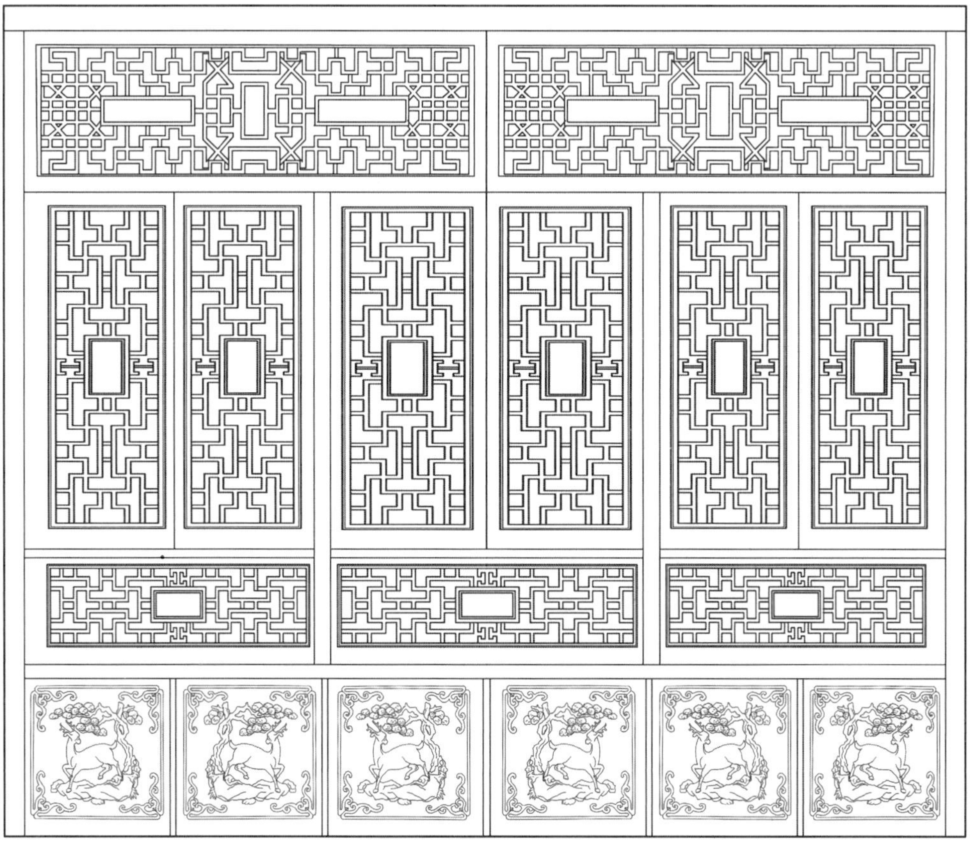

松鹿扇门（大慈寺藏经阁）

福寿扇门（大慈寺藏经阁）

冰裂纹窗棂（罨画池）

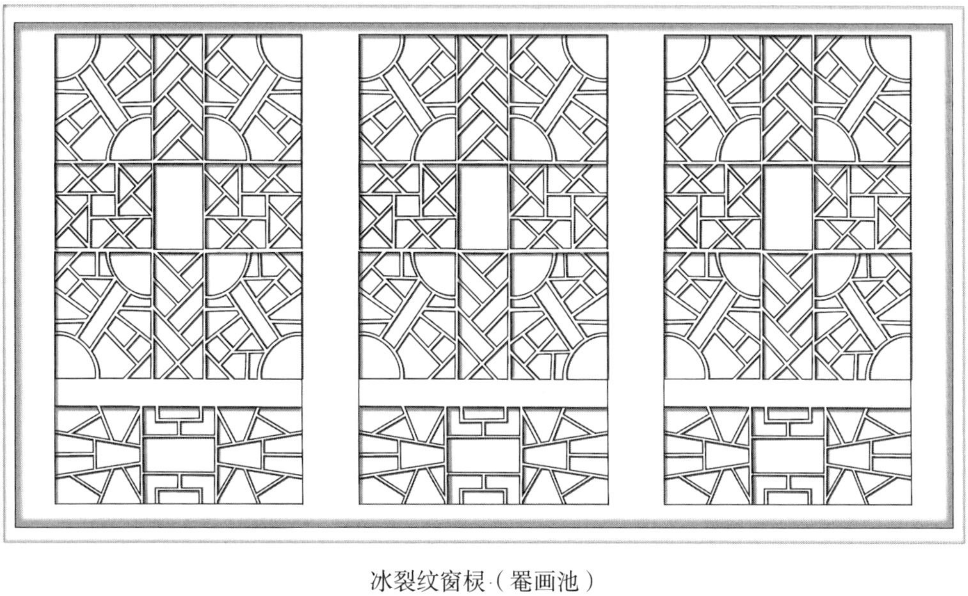

冰裂纹窗棂（罨画池）

拐子纹窗棂（罨画池）

窗棂（罨画池）

窗棂（罨画池）

喜上眉梢窗棂（金堂贺麟故居）

喜上眉梢窗棂（金堂贺麟故居）

民居门户（水磨古镇禅寿老街）

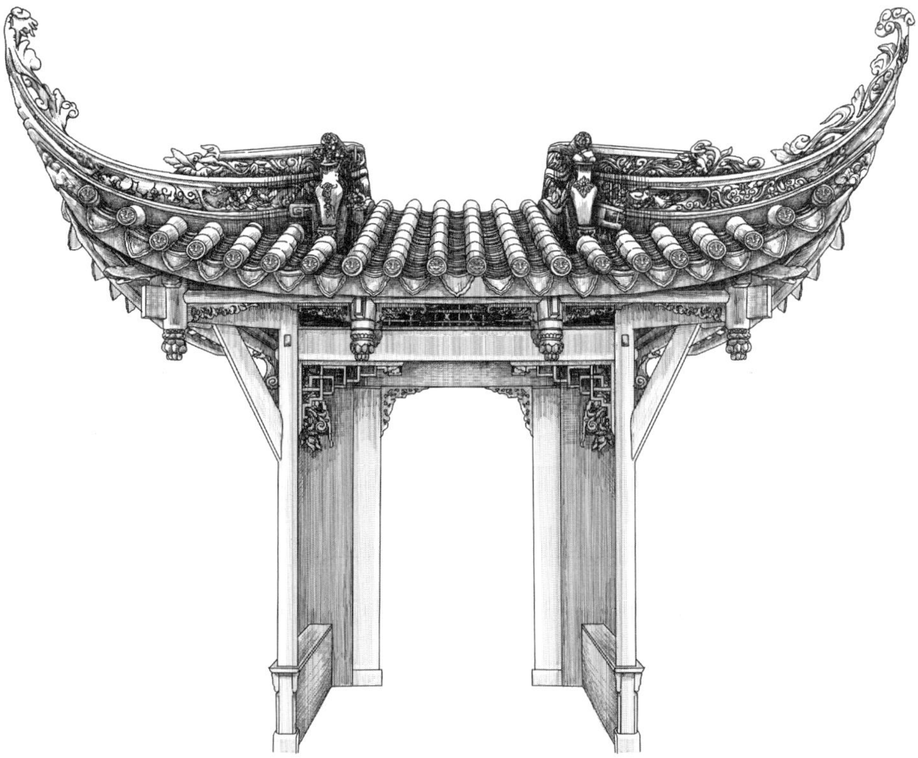

门户（罨画池荟萃园）

窗棂（温江文庙）

汉瓶式门洞（罨画池）

汉瓶式门洞（罨画池）

剑环式门洞（罨画池）

福、禄、寿、仙窗棂（水墨古镇禅寿老街）

福寿扇门（大慈寺藏经阁）

法螺、盘缠、法伞纹扇门（大慈寺）

蝠倒扇门（文殊院）

3.14 抱鼓石

松鹤纹抱鼓石（陈家桅杆）[1]

老少猴纹抱鼓石（陈家桅杆）[2]

冠带纹抱鼓石（陈家桅杆）[3]

莲花鹭纹抱鼓石（陈家桅杆）[4]

猴马纹抱鼓石（陈家桅杆）[5]

蜂猴抱鼓石（陈家桅杆）[6]

注：1. 福寿延绵　　2. 世代封侯　　3. 冠带流传

4. 一路连科　　5. 马上封侯　　6. 封侯挂印

仙鹤望日纹抱鼓石（陈家桅杆）[1]

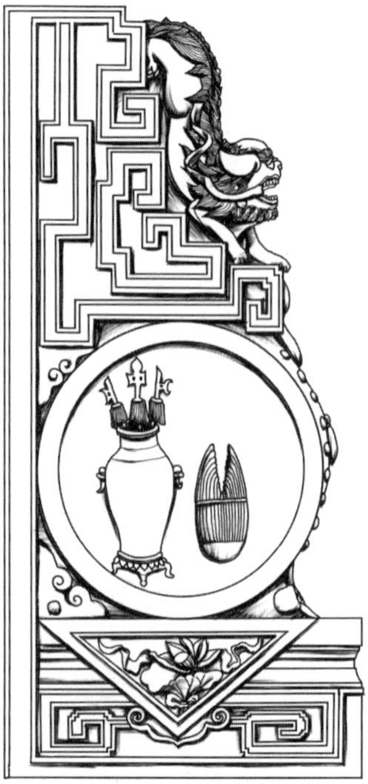

瓶中三戟抱鼓石（陈家桅杆）[2]

松鹤纹抱鼓石（德阳文庙）[3]

牡丹纹抱鼓石（德阳文庙）[4]

凤凰麒麟纹抱鼓石（德阳文庙）[5]

牡丹纹抱鼓石（德阳文庙）[6]

注：1. 一品当朝　　2. 平生三级　　3. 福寿延绵

4. 富贵　　5. 位高权重　　6. 富贵

鱼唆莲纹抱鼓石（德阳文庙）[1]

凤穿牡丹纹抱鼓石（德阳文庙）[2]

凤穿牡丹纹抱鼓石（德阳文庙）[3]

神兽纹抱鼓石（德阳文庙）[4]

天女散花纹抱鼓石（德阳文庙）[5]

牡丹锦鸡纹抱鼓石（德阳文庙）[6]

注：1. 子嗣延绵　2. 吉祥富贵　3. 吉祥富贵
4. 驱邪平安　5. 天降福瑞　6. 锦上添花

龙纹抱鼓石（德阳文庙）[1]

龙纹抱鼓石（德阳文庙）[2]

龙纹抱鼓石（德阳文庙）[3]

龙纹抱鼓石（德阳文庙）[4]

注：1. 吉祥富贵　2. 吉祥富贵　3. 吉祥富贵　4. 吉祥富贵

鸳鸯纹抱鼓石（新繁东湖正门）[1]

双狮纹抱鼓石（新繁东湖正门）[2]

注：1. 生生不息，喜从天降　　2. 生生不息，喜从天降

竹纹抱鼓石（宜宾流杯池）[1]

牡丹纹抱鼓石（宜宾流杯池）[2]

松纹抱鼓石（宜宾流杯池）[3]

牡丹纹抱鼓石（宜宾流杯池）[4]

注：1. 文人坚毅　　2. 富贵

3. 长寿　　4. 富贵

3.15 护栏装饰

轺车骖驾纹石桥护栏装饰（陈家桅杆忠孝祠）[1]

八仙纹石桥护栏装饰（陈家桅杆忠孝祠）[2]

八仙纹石桥护栏装饰（陈家桅杆忠孝祠）[3]

注：1. 官禄，富贵　　2. 十全十美　　3. 十全十美

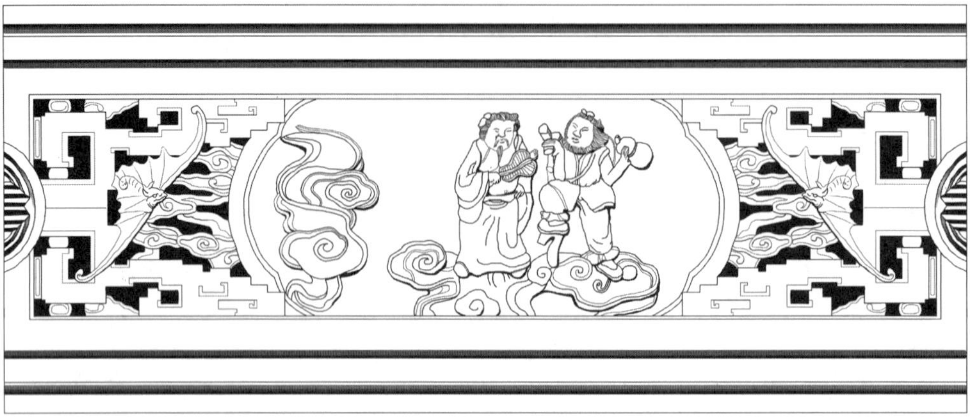

八仙纹石桥护栏装饰（陈家桅杆忠孝祠）[1]

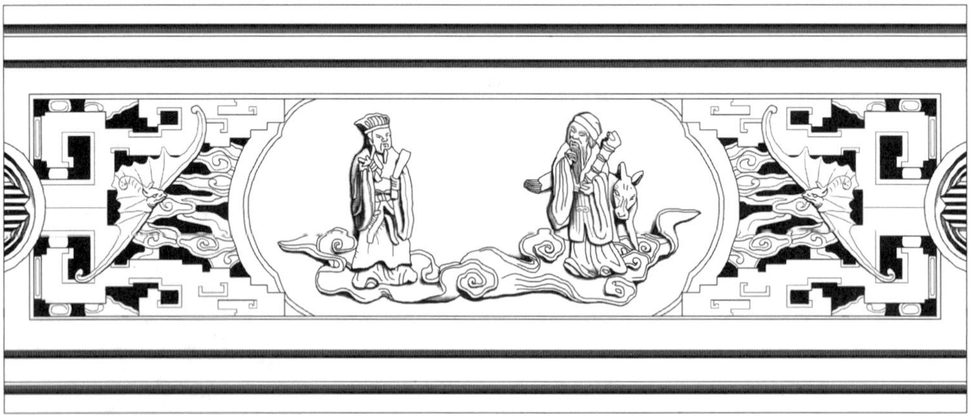

八仙纹石桥护栏装饰（陈家桅杆忠孝祠）[2]

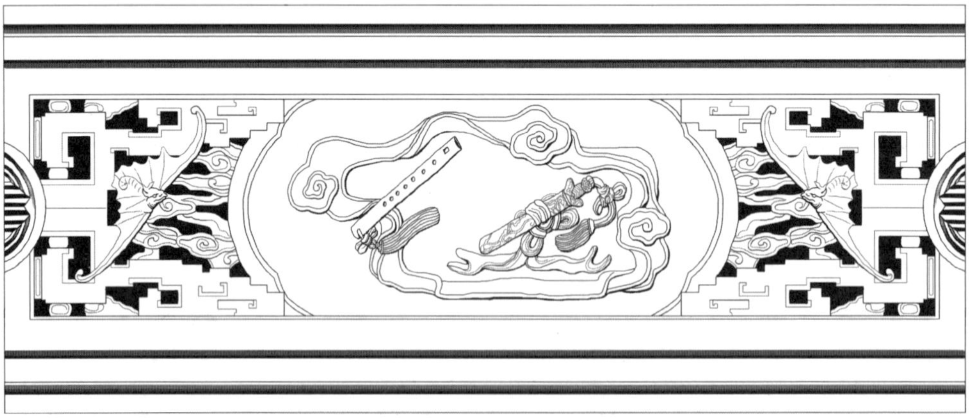

暗八仙纹石桥护栏装饰（陈家桅杆忠孝祠）[3]

注：1. 十全十美　2. 十全十美　3. 十全十美

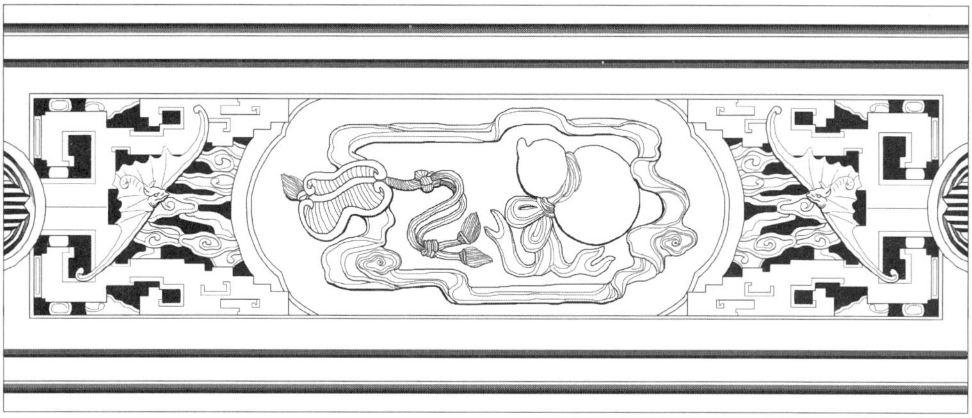

暗八仙纹石桥护栏装饰（陈家桅杆忠孝祠）[1]

暗八仙纹石桥护栏装饰（陈家桅杆忠孝祠）[2]

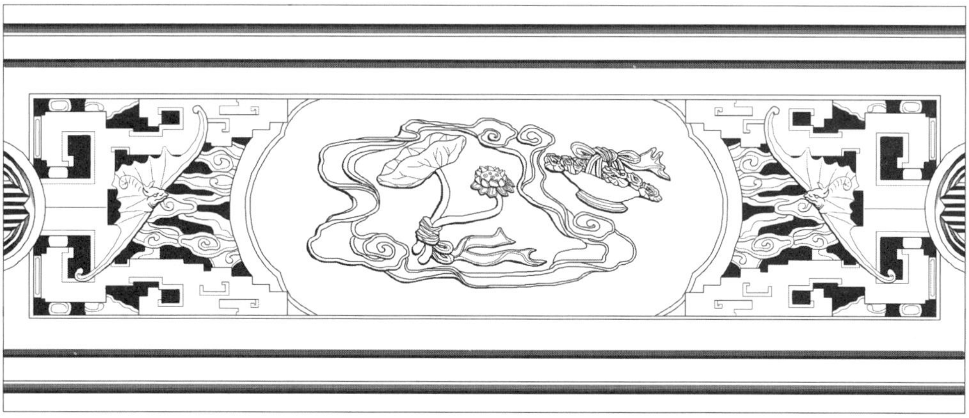

暗八仙纹石桥护栏装饰（陈家桅杆忠孝祠）[3]

注：1. 十全十美　2. 十全十美　3. 十全十美

桥头柱饰（陈家桅杆忠孝祠）[1]

桥头柱饰（陈家桅杆忠孝祠）[2]

注：1. 从左至右：光明在前，金蟾吐财，风华正茂，喜上眉梢

2. 从左至右：贤才逢明时，夫妻之和，百年好合，丹凤朝阳，福从天降，福气节节高

草凤纹石桥护栏装饰（新繁东湖正门）[1]

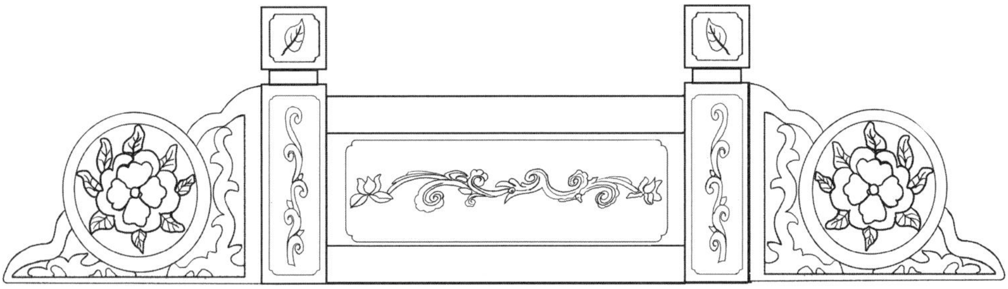

卷草纹石桥护栏装饰（新繁东湖正门）[2]

卷草纹石桥护栏装饰（新繁东湖正门）[3]

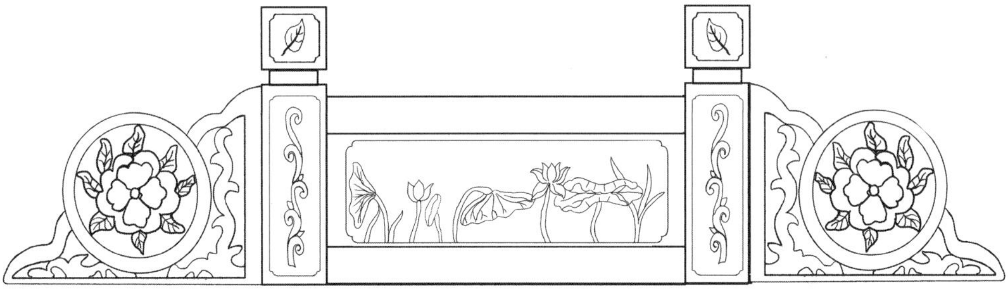

莲花纹石桥护栏装饰（新繁东湖正门）[4]

注：1. 富贵延绵　　2. 吉祥延绵

3. 富贵延绵　　4. 喜事延绵

喜上眉梢石桥护栏装饰（新繁东湖卫公桥）

渔樵耕读石桥护栏装饰（桂湖）

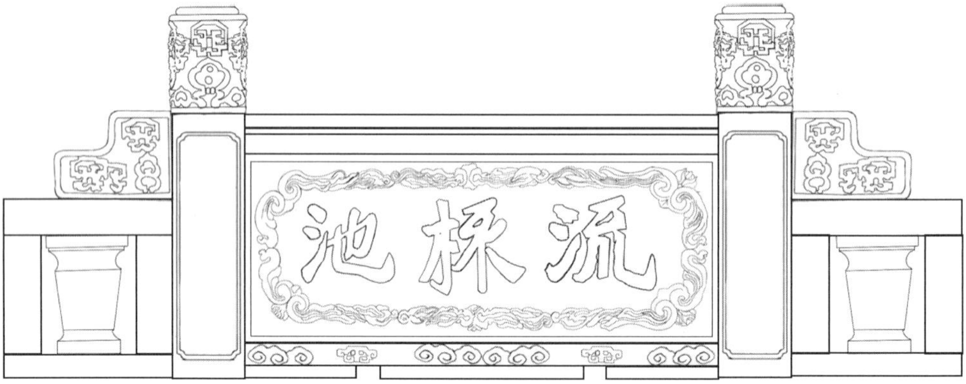

石桥护栏装饰（宜宾流杯池）

云水纹石桥护栏装饰（望江楼）

梅、兰、竹、菊四石桥护栏装饰（望江楼）

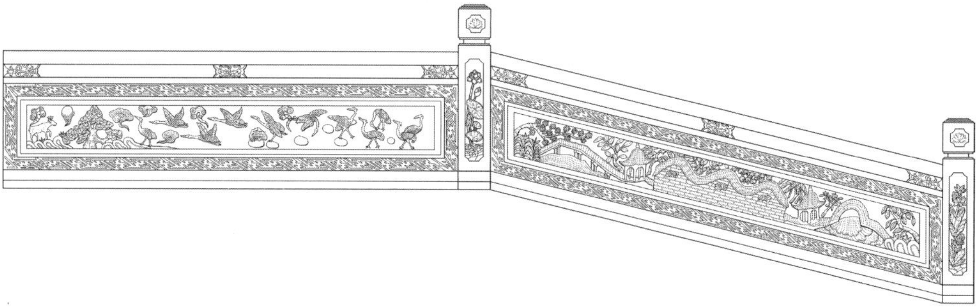

石桥护栏装饰（广汉房湖城门）

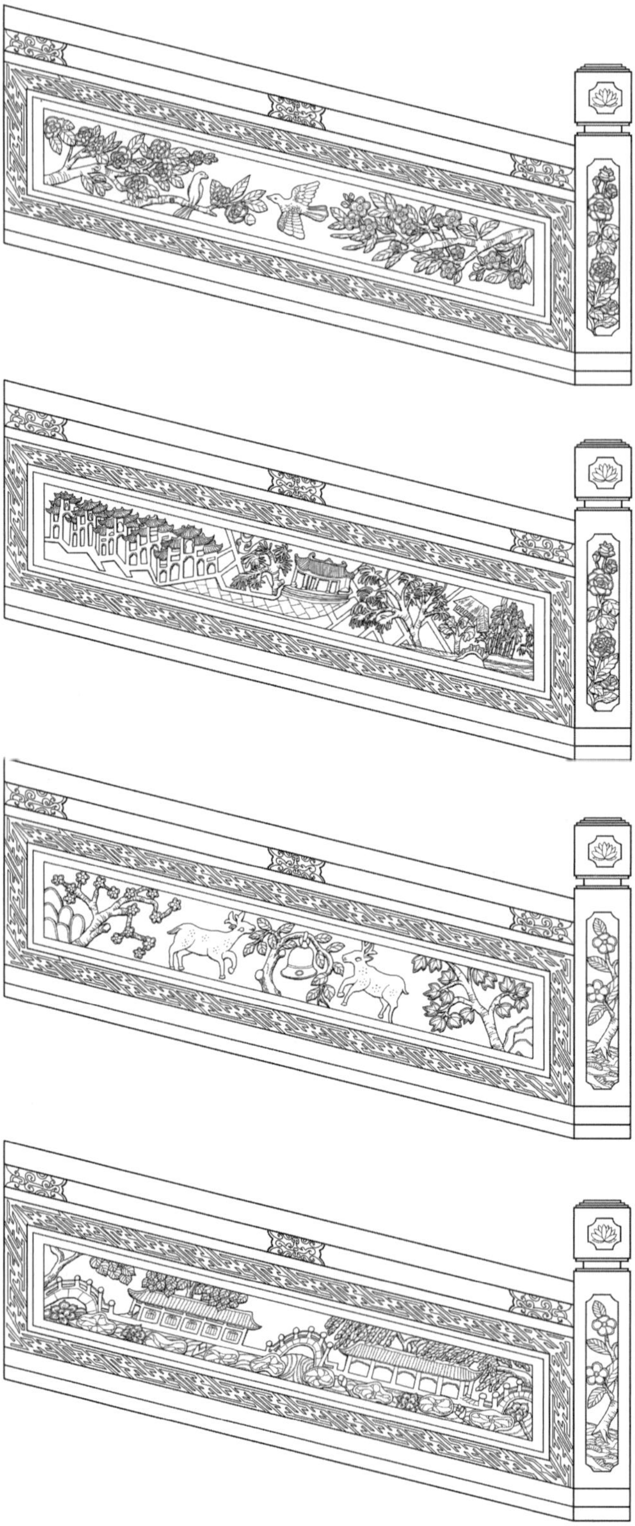

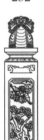

石桥护栏装饰（广汉房湖城门）

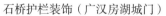

鹿（禄）纹护栏（元通古镇罗家大院）

兽（寿）纹护栏（元通古镇罗家大院）

喜字纹护栏（元通古镇罗家大院）

喜字纹护栏（元通古镇罗家大院）

寿字纹护栏（元通古镇罗家大院）

福字纹护栏（元通古镇罗家大院）

福字纹护栏（元通古镇罗家大院）

3.16　铺装

蝠倒麒麟（兽）铺装（宝光寺）[1]

注：1. 福寿双全

蝙蝠铜钱铺装（宝光寺）[1]

注：1. 福在眼前

麒麟铺装（元通古镇）[1]

注：1. 喜庆，修养

薛涛铺装（望江楼）[1]

注：1. 修身养性

四灵天干地支铺装（宜宾流杯池）[1]

注：1. 十全十美

3.17 其他

水缸望夫归装饰（陈家桅杆）

渔樵耕读水缸装饰（陈家桅杆）

柱础装饰（文殊院）

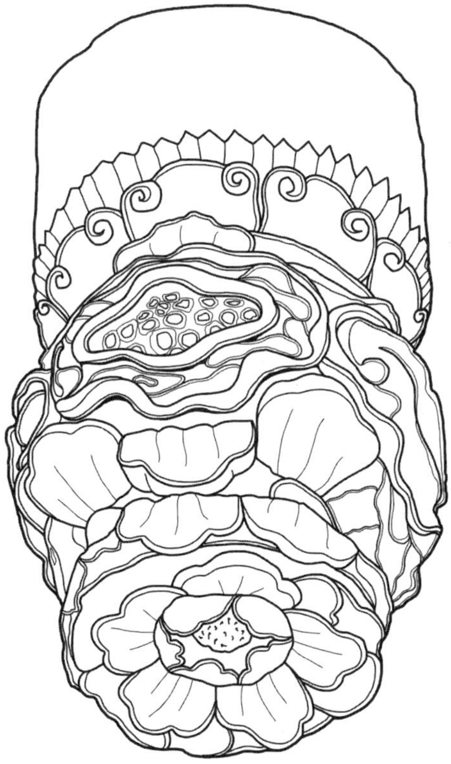

垂花装饰（铁像寺）

垂花装饰（元通古镇黄鳌院子）

垂花装饰（元通古镇黄鳌院子）

石狮（梓潼七曲山大庙）

参考文献

[1] 索绪尔．普通语言学教程［M］. 高名凯，译．北京：商务印书馆，1980.

[2] 唐家路．“福禄寿喜”吉祥观念及其图形表现［J］.“岁寒三友——诗意的设计”——两岸三地中国传统图形与现代视觉设计学术研讨会论文集，2004-12.

[3] 郭廉夫，等．中国纹样辞典［M］. 天津：天津教育出版社，1998.

[4] 曹林娣．中国园林文化［M］. 中国建筑工业出版社，2005.

[5] 罗开玉．论都江堰与“天府之国”的关系［J］. 成都大学报（社科版），2011，（6）：53-54.

[6] 雷晓鹏．论四川道教文化资源的深度开发［J］. 四川行政学院学报，2009，（2）：67.

[7] 孙亚樵、胡昌钰．从三星堆文化看古蜀人的原始宗教观［J］中华文化坛，2004，（2）：23-26.

[8] 武丕文，欧培槐，等．江油县志［M］. 光绪二十九年（1903）刻本．卷三（风俗）.

[9] 张岱年．中国哲学中“天人合一”思想的剖析［J］. 北京大学学报，1985（1）：1-8.

[10] 曹林娣．图说苏州园林・木雕［M］. 合肥：黄山书社，2009.

[11] 陆跃升．试论巴蜀文化繁荣的历史原因［J］. 文史杂辑，2011,（5）：161.

[12] 林移刚．民间信仰与清代四川移民社会整合［J］. 云南民族大学学报（哲学社会科学版），2014,（2），63-69.

[13] 刘致平．中国居住建筑简史（附四川住宅建筑）［M］. 北京：中国建筑工业出版社，2000.

[14] 陆跃升．清代四川民间信仰的区域差异［J］. 四川师范大学学报（社会科学版），2017,（4）：145-155.

[15] 曹林娣．图说苏州园林・塑雕［M］. 合肥：黄山书社，2009.

[16] 王连海．中华传统图案知识全集［M］. 北京：气象出版社 .2015.6.

[17] 唐家路．福禄寿喜图辑［M］. 济南：山东美术出版社 .2004.

[18] 张道一．吉祥文化论［M］. 重庆：重庆大学出版社 .2011.

[19] 伊东忠太著．杨熹微等译．中国古建筑装饰［M］. 北京：中国建筑工业出版社 .2006.

[20] 吴山．中国纹样全集——魏晋南北朝・隋唐・五代卷［M］. 济南：山东美术出版社 .2009.

[21] 吴山．中国纹样全集——宋・元・明清卷［M］. 济南：山东美术出版社 .2009.

[22] 王璞子．《工程做法》注释［M］. 北京：中国建筑工业出版社 .1995.26.

[23] 谢梅．中国传统装饰纹样水纹研究［D］. 太原理工大学，2015.

[24] 张萍萍 . 浅谈清代龙袍中海水江崖纹的演变 [J]. 艺术科技 . 2016，29（01）：171.
[25] 古月 . 国粹图典纹样 [M]. 北京：中国画报出版社，2016.
[26] 宋宁宁 . 传统云纹图案在现代服装设计中的创新应用研究 [D]. 浙江理工大学，2015.
[27] 李斐尔 . 明代服装如意云纹浅析 [J]. 流行色，2020（01）：90–91.
[28] 杨文娜 . 中国传统云纹的寓意及现代价值 [J]. 大舞台，2008（4）：41–42.
[29] 王建华 . 山西古建筑吉祥装饰寓意 [M]. 太原：山西人民出版社，2014
[30] 李典 . 中国传统吉祥图典 [M]. 北京：京华出版社，2006.
[31] 郑凌锋 . 冰裂纹在服装设计中的创新应用 [D]. 北京服装学院，2015.
[32] 王珍慧 . 艺术设计中的中国传统纹样“冰裂纹” [J]. 盐城师范学院学报（人文社会科学版），2012，32（04）：85–88.
[33] 郑凌锋 . 冰裂纹在服装设计中的创新应用 [D]. 北京服装学院，2015.
[34] 李沙颖 . 中国牡丹纹装饰特征演变研究 [D]. 浙江农林大学，2016.
[35] 滕道洋 . 中国传统陶瓷菊花纹装饰特征演变研究 [D]. 景德镇陶瓷学院，2011.
[36] 丁艳 . 中华竹文化的多元象征及其当代意义 [J]. 内蒙古大学学报（哲学社会科学版），2021，53（01）：90–94.
[37] 王建华 . 山西古建筑吉祥装饰寓意 [M]. 太原：山西人民出版社，2014.
[38] 唐静 . 中国传统莲花纹样在现代平面设计中的应用探索 [D]. 南京艺术学院，2014.
[39] 刘熙霞 . 中国陶瓷装饰莲花纹样研究 [D]. 齐鲁工业大学，2015.
[40] 中国嘉德 . 鱼莲纹流行千年仍未艾 [J]. 中国信用卡，2015，（1）：88–91.
[41] 马倩 .“鱼戏莲”：生命意识与阴阳哲学 [J]. 许昌师专学报，2000，（4）：31–34.
[42] 陈雅倩 . 浅析梅花纹在设计中的应用 [J]. 中国包装，2019，39（07）：27–29.
[43] 黄振 . 鹿画的寄情与寓意：以八大山人《松树双鹿图轴》为例 [J]. 美术观察，2019（05）：66–67.
[44] 故宫博物院 . 葡萄纹 [DB/OL] [2020.10.14] https：//www.dpm.org.cn/lemmas/245486.html.
[45] 王斯聪 . 中国传统石榴纹研究及在女装中的创新应用 [D]. 北京服装学院，2019.
[46] 故宫博物院 . 佛手纹 [DB/OL] [2020.10.14] https：//www.dpm.org.cn/collection/bamboo/230723.html.
[47] 曹林娣 . 龙文化与装饰纹样 [J]. 艺苑，2007,（5）：35–41.
[48] 张雪青，许身玉 . 中国传统装饰凤纹在标志设计中的应用 [J]. 西部皮革，2021，43（01）：51–52.
[49] 许秀娟 . 麒麟文化的变迁与中外文化交流发展的关系 [D]. 暨南大学，2003.
[50] 赵欢 . 西蜀园林传统建筑装饰符号的特征及运用研究 [D]. 四川农业大学，2022.
[51] 叔戊 . 印象中国・文化的脉络・吉祥图案 [M]. 合肥：黄山书社，2015.

［52］吴卫．传统宅门抱鼓石考略［J］. 家具与室内装饰，2006（05）：92-95.
［53］周蔚，吴卫．中国传统吉祥纹样蝙蝠纹初探［J］. 艺海，2011（10）：136-138.
［54］孔繁．陈家桅杆古建筑特色与审美价值［J］. 作家，2009，（20）：234-235.
［55］吴红梅；黄学军．武汉近代建筑装饰中的中国传统纹样研究［J］. 湖北美术学院学报，2011，（3）：109-112.
［56］陈佳．古钱上的蝙蝠文化［DB/OL］.［2020-07-16］http：//www.rmzxb.com.cn/c/2016-06-28/890930.shtml?n2m=1.
［57］张智艳，吴卫．传统“五福捧寿”纹样符号阐释［J］. 艺术百家，2008，24（S2）：157-160.
［58］米满宁，李方，田波．中国传统建筑中的悬鱼装饰艺术［J］. 民族艺术研究，2012（1）：113-117.
［59］翁午越．中国传统祥瑞纹样“对鸟纹”研究及设计初探［D］. 中国美术学院，2019.
［60］黄振．鹿画的寄情与寓意：以八大山人《松树双鹿图轴》为例［J］. 美术观察，2019（05）：66-67.
［61］郑军．中国传统吉祥寓意图谱［M］. 天津：天津人民美术出版社，2008.
［62］金学艳．陇东民间剪纸中“虎”纹样探源［J］. 美术，2020（12）：146-147.
［63］虞婧逸．布老虎的虎纹样探究——以山西、山东、陕西、河南为例［J］. 今传媒，2020，28（08）：153-156.
［64］许康铭．中国传统吉祥图案［M］. 海口：海南国际新闻出版中心，1995.
［65］吴卫，谢俊陶．中国传统建筑装饰艺术小品门铺首释义［J］. 艺术百家，2012，（08）：181-183.
［66］姜熙煜，麦月晴．传统兔纹样的文化探讨［J］中国民族博览，2017（8）：146-147.
［67］傅冬花．中国传统装饰纹样“云纹”与“如意纹”的历史变迁以及造型特点分析［J］. 中国艺术，2016（03）：123-125.
［68］叔戊．印象中国・文化的脉络・吉祥图案［M］. 合肥：黄山书社，2015.
［69］刘晓立．浅谈中国传统吉祥纹样中的如意纹［J］. 包装世界，2011（02）：79-81.
［70］郑军．中国传统吉祥寓意图谱［M］. 天津：天津人民美术出版社，2008.
［71］王建华．山西古建筑吉祥装饰寓意［M］. 太原：山西人民出版社，2014.
［72］陈佳．古钱上的蝙蝠文化［DB/OL］.［2020-07-16］http：//www.rmzxb.com.cn/c/2016-06-28/890930.shtml?n2m=1.
［73］李启强．成都地区传统民居建筑特色研究［D］. 云南师范大学，2015.
［74］冯佳琪．蜿蜒卷草　俯仰生姿——卷草纹在中国的样式演变研究［J］艺术品，2017，（10）：62-67.

[75] 逯海勇，胡海燕 . 传统宅门抱鼓石的文化意蕴及审美特色[J]. 华中建筑，2014，32(08)：165-168.
[76] 杨俊艳 . 文雅之美：古瓷装饰上的博古插花图［J］. 收藏，2019,（5）：24-27.
[77] 张明 . 清代陶瓷装饰暗八仙纹研究［D］. 景德镇陶瓷学院，2011.
[78] 赵星垣 . 由“艺”而“道”［D］. 中央美术学院，2012.
[79] 李祖定 . 中国传统吉祥图案［M］. 上海：上海科学普及出版社，1989.
[80] 谷衍奎，汉字源流字典［M］. 北京：语文出版社，2008.
[81] 陈娟娟 . 织绣文物中的寿字装饰［J］. 故宫博物院研究室，2004，02：10-19.
[82] 雨悦 . 寿字纹［DB/OL］.［2008-02-01］http：//www.china.com.cn/aboutchina/zhuanti/jxms/2008-02/01/content_9630191.htm.
[83] 孙倩怡 . 中国传统艺术符号回纹研究［D］. 湖南：湖南工业大学，2012.
[84] 吴光正 . 八仙文化与八仙文学的现代阐释［M］. 哈尔滨：黑龙江人民出版社，2006.
[85] 王树村 . 中国戏出年画［M］. 北京：北京工艺美术出版社，2006.
[86] 孙大江，杨玉培，唐琴，等 . 追忆王绍增先生再探西蜀园林[J]. 中国园林，2018，34(02)：70-73.
[87] 曹学佺 . 蜀中名胜记［M］. 上海：商务印书馆，1937.
[88] 程祥栋 . 东湖因树园记［M］. 成都：四川人民出版社，1990.
[89] 常璩 . 华阳国志［M］. 济南：齐鲁书社，2010.
[90] 许志坚 . 论川西古典园林［J］. 中华文化论坛，2003（4）：39-43.
[91] 赵欢 . 西蜀园林传统建筑装饰符号的特征及运用研究［D］. 四川农业大学，2022.

后记

成都公园城市建设中历史文化景观的场景表达日渐凸显，开始于旧城街面建筑路巷、公园廊阁亭桥、酒肆餐堂茶馆等处点缀装饰，流露出明显的传统画意和浓郁的地域识别特色。多年来，徜徉于川西之地的传统古镇民居、川西林盘建筑、西蜀古典园林，无不感叹其中丰富多彩、底蕴深厚、悠远承护的传统装饰符号：龙飞凤舞的屋顶装饰、精妙绝伦的梁枋雕饰、繁制有肌的门窗棂画、精雕细琢的柱栏雕石……每每凝视，沉浸其中，跨域时空，感慨万千。我曾浮想联翩，期望将这些或已流传百年甚至千年的具有中国传统装饰性的各类符号进行采编、整理、解译成册，既为我所热衷的地方特色民居尤其是西蜀古典园林留存系统化的图像史料，也为世人提供传统装饰文化符号穿越古今的强大美学价值，更为公园城市园林景观建设提供借鉴和参考目的。2018年伊始，我与多届研究生学子经过多次现场影像采集、走访调查、分类整理、图形绘制和相关知识梳理，初步完成《西蜀园林传统装饰符号》之作，实现了多年以来的愿望。

五年时光白驹过隙，研究团队投入极大的文化情怀和时间，辗转成都各区、县及都江堰、简阳、广汉、德阳、绵阳、眉山、宜宾、遂宁等多地进行调研，乐此不疲地将安静且又精美的传统装饰符号采集汇总、解译探究，感受着深邃的时代魅力。编写过程中，团队努力吸收学术界最新的研究成果，力争追本溯源，传承创新，寓科普于赏心悦目之中。当然，虽尽全力，仍存遗憾和缺失。毕竟一些装饰符号解读没有文献可供参考，部分装饰构件年久消损、模棱两可，部分装饰纹样图示抽象写意，甚至理想化，仅为一种形式美构图，故也有感性判读推演之处，难免主观臆断。因此想要完全识别、解译这些传统装饰符号的图示意向所指，还需假以时日。我们也多次请教相关专家、使用者、管理者，受益匪浅。即便如此，在将这些精美的装饰符号编绘成图奉献给读者的同时，我们的心里仍有些惴惴不安。不安于此中存有争议和意向不明的图文，不安于本书对传统装饰符号的集锦不全。故借此抛砖引玉，举一反三。

《西蜀园林传统装饰符号集示》得以顺利出版，要感谢团队多年以来的凝心协作，感谢各位专家以及文献引用者的精准解释，感谢天艺生态园林集团的持续不断的支持，感谢四川科学技术出版社的梅红女士在出版中的专业指导。所有参与者一丝不苟的敬业精神和文化守护的时代态度一直激励着我们不忘初心、砥砺奋进。

2022年12月